# inux

○ 국내 최초 그림으로 배우는 Linux 프로그래밍 입문서
서버 OS를 즐겁게 배우는 9개 관문

ANK Co., Ltd. 저 | 오윤기 감역 | 황명희 옮김

# Linux가 보이는 그림책

BM (주)도서출판 성안당

# 처음에

컴퓨터 구입을 검토할 때 대부분의 사람들은 OS로 Windows나 macOS를 선택할 것이다. 그러나 대학이나 회사, 웹 서버 등의 분야에서는 UNIX(유닉스) 계열의 OS를 많이 사용하고 있다. UNIX 계열 OS 중에서도 특히 대중적으로 보급되어 있는 것이 Linux(리눅스)다. 최근에는 데스크톱 환경이나 설치 프로그램이 정비되어 있기 때문에 개인 컴퓨터에 설치해 사용하는 사람도 늘고 있다. 또한 Linux를 기반으로 만들어진 안드로이드(Android)는 스마트폰이나 태블릿 OS로 잘 알려져 있다.

Linux의 특징 중 하나는 사용자 자신이 OS를 관리해야 한다는 점이다. 원래 명령 입력에 의한 관리와 조작(CUI 환경)이 중심이었기 때문에 데스크톱 환경이라도 명령 지식이 필요한 경우가 종종 있다. 익숙해지기 전까지는 명령 입력에 대한 거부감을 떨칠 수 없을 것이다. 그러한 경우, Linux 기초 다지기에 이 책이 도움이 될 것이다.

이 책은 2005년에 간행한 〈UNIX가 보이는 그림책〉을 Linux로 대상을 좁혀 개정하였다. 명령 행에 의한 기본 조작에서부터 시스템 관리, 한국어 이야기 등 다양한 주제에 대해 일러스트와 그림을 사용하여 알기 쉽게 설명하고 있다. Linux는 여러 종류(디스트리뷰션)가 있지만 이 책에서는 특히 인기 있는 CentOS 8과 Ubuntu 19.04의 이용을 권장하고 있다.

부디 이 책이 Linux를 이해하는 데 도움이 되길 바란다.

2019년 11월 저자

## ≫ 이 책의 특징

- 이 책은 좌우 양면으로 펼쳐진 2페이지에 하나의 주제를 완결시켜 이미지가 잘리지 않도록 구성했다. 따라서 중간중간 필요한 부분을 찾는 데 편리하다.
- 설명에만 그치지 않고 구체적인 명령 입력 예시와 실행 예시도 가능한 한 많이 실었다. 단, 환경에 따라서는 이 책에서 소개한 툴을 사용할 수 없거나 명령어 입력 결과가 동일하지 않을 수도 있으니 이해해 주기 바란다.
- 이 책에 등장하는 CUI 환경은 이 책에서도 소개하고 있는 가상환경인 VirtualBox에서 구축한 것이다. Windows 등에 비해 주변기기의 지원이 원활하지 않기 때문에 사용하는 PC 등의 환경에 따라서는 사용할 수 없는 경우도 있다. 주변기기의 구체적인 지원 상황은 각 제조사에 문의하기 바란다.
- 부록으로는 VirtualBox와 CentOS, Ubuntu의 설치 과정, 본문에 등장하는 명령의 주요 옵션 등을 자료로 게재해 두었으므로 이 책을 읽고 나서 실전에서 이용하기 바란다.

## ≫ 대상 독자

이 책은 Linux 지식이 없는 분들을 대상으로 하고 있다. 명칭만 들어봤거나 근무지에 환경은 마련되어 있지만 다뤄본 적이 없는 사람이라면 이 책을 꼭 읽어보기 바란다. 또 근무지 환경에서 접속을 시도하거나 리눅스를 자신의 PC에 도입하려다 실패한 사람에게도 도움이 될 것이다.

## ≫ 표기에 대해

이 책은 다음과 같은 약속을 바탕으로 구성되었다.

**예와 실행 결과**

| 명령 입력 내용 | 실제 화면에 표시된 내용 |

```
pwd
```

결과
```
/home/beginner/data
```

**[서체]**
**고딕체**:중요한 단어
`List Font`:명령 입력에 실제 사용되는 글이나 단어
**`List Bold Font`**:명령 입력 열이나 실행 결과 중에서도 중요한 포인트

**[그 외]**
이 책에서는 CUI 환경에서의 명령 입력을 기본으로 진행한다. 디스트리뷰션에 따라 설치한 직후부터 GUI 환경으로 되는 경우가 있는데, CUI 환경으로 전환한 다음 이 책을 이용해주기 바란다.

# Contents

## Linux를 시작하기에 앞서 — ix

- OS의 역할 ········· ix
- CUI와 GUI ········· x
- UNIX와 UNIX 계열 OS ········· xi
- Linux에 대해서 ········· xii
- BSD 계열 UNIX에 대해서 ········· xiv
- 콘솔의 개념 ········· xv
- 의외로 가까운 Linux의 세계 ········· xvi
- 가상환경 ········· xvii
- VirtualBox 사용법 ········· xviii
- CentOS 사용법 ········· xx
- Ubuntu 사용법 ········· xxii

## 제1장 리눅스 사용하기 — 1

- 꼭 알아야 할 key point ········· 2
- 명령에 의한 조작 ········· 4
- 로그인과 로그아웃 ········· 6
- 커널과 쉘 ········· 8
- 여러 가지 쉘 ········· 10
- 파일 ········· 12
- 디렉터리 ········· 14
- 경로와 확장자 ········· 16
- 파일 시스템 ········· 18
- [칼럼] 파일의 압축과 해제 ········· 20

## 제2장 기본적인 제어　　　　　　　　　　　　　　　　　　21

- 꼭 알아야 할 key point ·············································· 22
- 명령의 기본 ································································ 24
- 경로 작성 방법 ·························································· 26
- 기본 명령 (1) ······························································ 28
- 기본 명령 (2) ······························································ 30
- 기본 명령 (3) ······························································ 32
- 기본 명령 (4) ······························································ 34
- 〔칼럼〕 와일드카드 ··················································· 36

## 제3장 에디터 능숙하게 다루기　　　　　　　　　　　　　　37

- 꼭 알아야 할 key point ·············································· 38
- 텍스트 에디터 ···························································· 40
- vi 실행과 종료 ·························································· 42
- vi 모드 변경 ······························································ 44
- vi 기본 조작 (1) ························································ 46
- vi 기본 조작 (2) ························································ 48
- 검색과 바꾸기 ···························································· 50
- 저장과 종료 ································································ 52
- 〔칼럼〕 vi 이외의 에디터 ········································ 54

## 제4장 한 차원 높은 Linux 사용하기　　　　　　　　　　　55

- 꼭 알아야 할 key point ·············································· 56
- 표준 입력과 표준 출력 ············································ 58
- 리다이렉트 ·································································· 60
- 파이프 ········································································ 62
- 파일 관련 명령 (1) ···················································· 64
- 파일 관련 명령 (2) ···················································· 66
- 파일 관련 명령 (3) ···················································· 68
- 메모리와 디스크 명령 ·············································· 70
- 사용자 관련 명령 (1) ················································ 72

- 사용자 관련 명령 (2) ··········································· 74
- 권한 (1) ························································· 76
- 권한 (2) ························································· 78
- 쉘 스크립트 (1) ················································· 80
- 쉘 스크립트 (2) ················································· 82
- 멀티 태스크와 프로세스 제어 ································ 84
- 칼럼  온라인 매뉴얼 참조 ··································· 86

## 제5장 시스템과 사용자 관리하기    87

- 꼭 알아야 할 key point ······································ 88
- 시스템 관리자 ················································· 90
- 시스템 관리에 대해서 ········································ 92
- 네트워크 명령 ················································· 94
- 네트워크 설정 ················································· 96
- 일시 설정 ······················································· 98
- 사용자 생성과 삭제 ·········································· 100
- 그룹 관리 (1) ················································· 102
- 그룹 관리 (2) ················································· 104
- 종료와 재시작 ················································· 106
- 사용자 환경 설정 ············································· 108
- 경로 설정 ······················································· 110
- 칼럼  cron ······················································ 112

## 제6장 GUI 사용하기

- 꼭 알아야 할 key point ······································ 114
- Wayland란 ······················································ 116
- 통합 데스크톱 환경 ·········································· 118
- 기본 조작 (1) ················································· 120
- 기본 조작 (2) ················································· 122
- 칼럼  X Window System ····································· 124

## 제7장 한국어 환경 — 125

- 꼭 알아야 할 key point — 126
- 문자 코드와 언어 환경 — 128
- 로케일 — 130
- 한국어 표시와 입력 — 132
  - (칼럼) 멀티바이트 문자 — 134

## 제8장 고도의 조작 — 135

- 꼭 알아야 할 key point — 136
- SSH에 의한 원격 조작 — 138
- SFTP에 의한 파일 전송 — 140
- 애플리케이션 도입 — 142
- 패키지 관리 시스템 — 144
- dnf에 의한 업데이트 — 146
- 로그 관리 — 148
  - (칼럼) VNC — 150

## 부록 — 151

- 가상환경 설치 — 152
- CentOS 8 설치 — 156
- CentOS에서 한국어 입력하기 — 161
- Ubuntu 설치 — 164
- 드라이브 마운트 — 168
- 주요 파일 형식 — 170
- 주요 디스트리뷰션 — 172
- 정규 표현 — 176
- 그 외의 토픽 — 178
- Linux의 주요 명령 — 180

찾아보기 — 189

 **OS의 역할**

컴퓨터를 사용하는 사람이라면 Windows나 macOS라는 단어를 들어봤을 것이다.
Windows나 Mac은 OS(Operating System)의 종류를 나타낸다.
OS란 컴퓨터(개인뿐만 아니라 서버 등을 포함한 컴퓨터 전반)를 작동시키는 데 필요한 소프트웨어를 말한다. Windows나 Mac도 버전이 업그레이드됨에 따라 새로운 것으로 교체되기 때문에 특별하게 의식하지 않는다. 하지만 OS와 애플리케이션은 전혀 다르다.
워드프로세서 소프트웨어나 계산 소프트웨어 등은 OS를 통해 컴퓨터와 연결되어 있다. 애플리케이션은 원하는 작업을 하기 위한 도구이며, 이것들은 OS가 없으면 이용할 수 없다. 예를 들어 은행의 ATM기에도 OS가 필요하고 스마트폰이나 태블릿의 경우에도 전용 OS가 들어가 있다. 이렇듯 OS는 우리가 컴퓨터를 사용함에 있어 없어서는 안 되는 매우 소중한 존재이다.
이 책에서 학습할 Linux도 OS의 일종이다.

 ## CUI와 GUI

　OS는 외형의 차이에 따라 키보드를 이용한 **명령**(컴퓨터와 직접 소통하기 위한 명령문)의 입력에 의해 조작하는 **CUI**(Characer User Interface) 환경과 마우스를 이용하여 파일이나 폴더를 조작하는 **GUI**(Graphical User Interface) 환경 두 가지로 분류할 수 있다.

　초기 OS는 모두 CUI였지만 곧이어 Mac이나 Windows를 대표하는 GUI를 갖춘 OS가 주류가 되었다. GUI는 상태나 설정 방법을 이해하기 쉽다는 특징이 있는 반면 CUI는 필요한 리소스(메모리나 디스크 영역)가 작고 보안이 비교적 견고하며 자동화 처리가 쉽다는 장점이 있다.

　그래서 굳이 GUI를 채택하지 않고 GUI 환경에서 CUI를 움직이는 경우도 있다 (Windows의 Server Core/명령어 프롬프트/Windows PowerShell 등).

### CUI

문자 기반의 실행 환경을 CUI(Character User Interface)라고 한다.

### GUI

그래픽을 사용해 사용자가 직접 조작할 수 있는 실행 환경을 GUI(Graphical User Interface)라고 한다.

 ## UNIX와 UNIX 계열 OS

우선, **UNIX**라는 OS부터 시작하자.

UNIX는 원래 미국 AT&T사의 벨연구소에서 개발되어 크게 두 노선으로 발전되어 왔다. 하나는 벨연구소가 만든 UNIX를 계승한 **System·V 계열**이고 또 하나는 캘리포니아 버클리 대학에서 개발한 것을 계승한 **BSD 계열**이다.

UNIX는 전용 워크스테이션 등에서 동작하지만 이것을 PC에서 작동하도록 이식한 것이 PC-UNIX이다. **Linux**는 PC-UNIX의 대표적 OS인데, UNIX의 소스코드를 유용하지 않기 때문에 **UNIX 계열 OS**라고도 한다.

UNIX의 다른 분류 방법으로는 연구기관을 대상으로 공개된 정보를 바탕으로 대형 컴퓨터 제조사가 자사 컴퓨터 제품용으로 상품화하여 개발, 판매해온 것(**상용 UNIX**)과 뜻있는 사용자가 서로 협력하여 개발해서 기본적으로는 무상으로 제공하는 것을 전제로 하는 것이다.

**UNIX 계보**

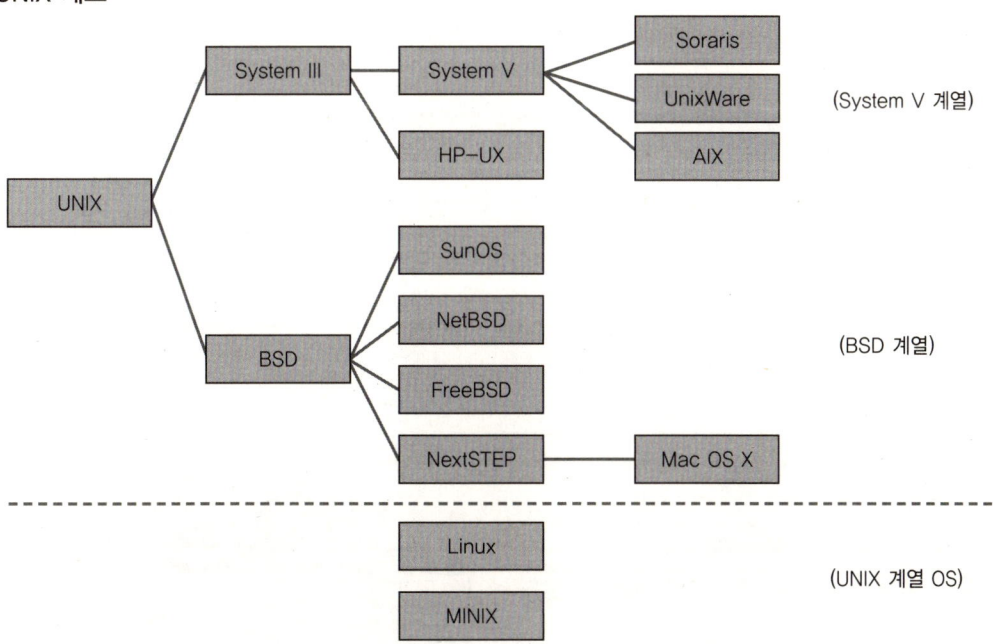

# Linux에 대해서

일반 사용자들이 접할 기회가 가장 많은 UNIX는 역시 **Linux**일 것이다.

Linux는 핀란드 대학원생이었던 리누스 토발스(Linus Torvalds)에 의해 개발된 PC-UNIX의 일종이다. 그가 만든 것은 OS의 핵심이 된 커널(8쪽 참조) 부분이다. 오픈소스로 소스코드가 무료로 공개되어 현재도 전 세계 사용자에 의해 계속해서 업그레이드되고 있다.

## ≫ 오픈소스

소스코드(프로그램의 근본이 되는 것)를 일반에게 공개해서 누구나 자유롭게 사용할 수 있는 상태로 만든 것을 **오픈소스**라고 한다. 기업이 개발한 소프트웨어의 경우 그 이익을 확보하기 위해 소스코드를 비공개하는 것이 일반적이다. 그러한 이유로 기업의 수익이 보장되지 않는 개발은 하지 않는 반면 기업의 책임 범위 내에서는 지원을 받을 수 있다. 이에 대해 오픈소스 소프트웨어는 사용자가 지지하는 한, 신속하고 효과적인 업그레이드나 신기능 개발이 계속된다는 장점이 있다. 반면 지원이나 서비스 면에서는 부족한 경우도 있다.

### 오픈소스
- 사용자 입장에서 보고 단순히 편리하다고 생각되는 것을 빠르게 실현할 수 있다.
- 사용자의 의견이 잘 전달된다.
- 기업과 같은 지원은 기대할 수 없다.

### 기업 개발
- 기업의 이익이 우선이다.
- 경우에 따라서는 사용자의 의견이 전달되기 어렵다.
- 지원이 충실하다.

## ≫ 디스트리뷰션

Linux 자체는 오픈소스이지만 실제로는 기업이나 단체가 독자적인 규칙이나 지원 등의 서비스를 덧붙여 패키지를 만들고 있다. 이것을 **디스트리뷰션**(배포 형태)이라고 한다.

디스트리뷰션에는 실로 많은 종류가 있으며 크게 Debian 계열, RedHat 계열, slackware 계열로 나뉜다. 같은 계열의 디스트리뷰션에서는 패키지 관리(144쪽 참조) 방법이 공통으로 이용되고 있다. 유명한 디스트리뷰션에는 Debian 계열의 Ubuntu, RedHat 계열의 CentOS 등이 있다. 그중 이 책에서는 CentOS 8을 기본으로 설명하고자 한다.

많은 디스트리뷰션은 무료로 인터넷을 통해 다운로드할 수 있지만 주로 기업용으로 판매하고 전폭적인 지원을 하는 곳도 있다. 예를 들어 RedHat은 원래 무상 디스트뷰션이었지만 노선을 변경하여 유상 Red Hat Enterprise Linux(RHEL)로 되었다.

**유명한 Linux 디스트리뷰션**

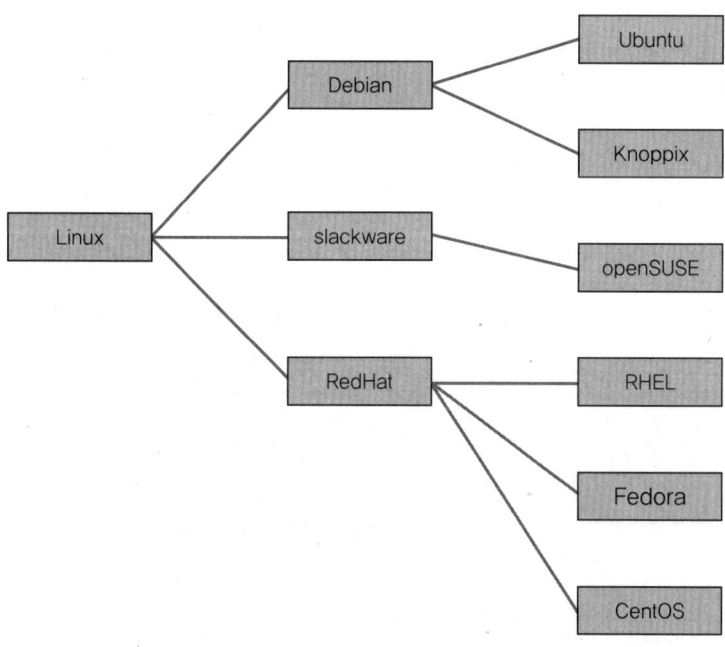

##  BSD 계열 UNIX에 대해서

앞에서도 등장했던 BSD 계열 UNIX에 대해 잠시 소개한다.

**BSD**는 캘리포니아 버클리대학에서 개발해서 배포한 UNIX 소프트웨어에 기반한 OS의 총칭이다. 이름도 Berkeley Software Distribution에서 유래되었다. 원래는 공개 당시의 소프트웨어만을 가리키는 말이었지만 지금까지 그 흐름을 이어받아 개발이 계속 진행되었고 FreeBSD나 OpenBSD, BSD/OS, NetBSD 등 같은 계열의 OS 전반을 가리키게 되었다.

그중에서도 유명한 것이 FreeBSD이다. FreeBSD는 개인도 이용할 수 있는 PC-UNIX이며 소스코드는 무상으로 공개되고 있다.

Linux와 BSD는 라이선스 형태도 다르다. Linux는 재배포 시 코드를 공개하는 것이 의무화되어 있지만 BSD가 채택하고 있는 라이선스에서는 저작권만 바르게 표시되어 있으면 재배포 시에 코드를 비공개로 할 수 있다. 이 때문에 이용하기 쉽다는 장점이 있다. 실제 BSD 계열 OS의 모든 것이 무료로 공개되어 있는 것은 아니다. 그 외에 Linux는 PC 대응을 중심으로 개발되고 있는 한편, BSD는 다양한 하드웨어상에서 동작하는 것이 개발되는 등 다방면에 걸쳐 전개되고 있다.

 ## 콘솔의 개념

Linux나 UNIX 시스템에서는 Linux/UNIX가 설치된 컴퓨터(**호스트**)에 네트워크를 경유해서 여러 개의 다른 컴퓨터(**단말기**, **터미널**)를 연결하여 작업하는 것이 기본이다.

단말기는 대부분의 경우 CUI 환경이고 사용자가 단말기에 **명령**을 입력하여 호스트를 조작한다. 이때, 사용자로부터 명령을 받아 그것을 호스트에 건네주는 역할을 하는 것이 콘솔이다.

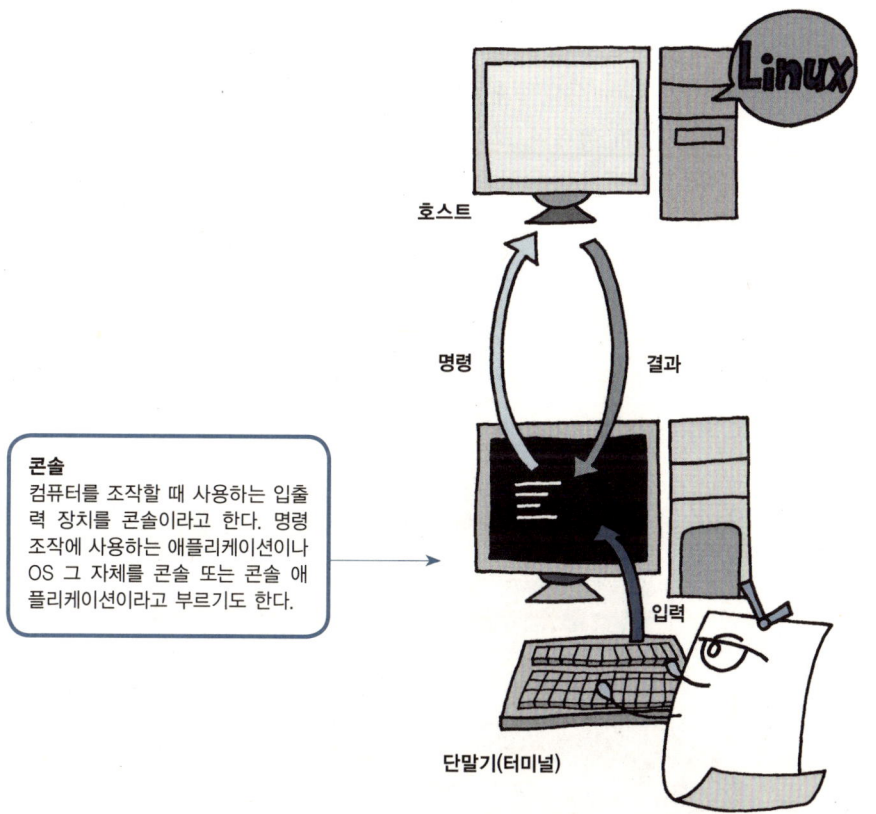

**콘솔**
컴퓨터를 조작할 때 사용하는 입출력 장치를 콘솔이라고 한다. 명령 조작에 사용하는 애플리케이션이나 OS 그 자체를 콘솔 또는 콘솔 애플리케이션이라고 부르기도 한다.

한편 최근에는 Linux를 macOS이나 Windows와 같이 단독으로 GUI 환경(**데스크톱 환경**)에서 이용하는 경우도 많아지고 있다. 또한 macOS X는 BSD 계열의 UNIX 기반 OS이다.

## 의외로 가까운 Linux의 세계

　Linux는 기업이나 학교 등에서 도입해 사용하는 경우가 많지만 의외의 곳에서도 사용되고 있다. 예를 들어 Linux로 운영되고 있는 웹 서버는 인터넷상에 많이 있다. 인터넷을 이용하고 있는 사람이라면 자기도 모르는 사이에 Linux 서버에 접속한 사람이 대부분일 것이다.

　단, 개인 차원에서 Linux 환경에 직접 접할 수 있는 기회는 그다지 많지 않을 것이다. 이전에는 개인용 PC로 Linux 환경을 사용하려면 매우 번거로웠다. 네트워크에 연결하거나 프린터를 이용하는 등 주변 환경을 정비하는 것도 힘들고 막상 사용할 수 있게 돼도 조작이 어려워 포기하는 일이 적지 않았다.

　때문에 직장 등에서 미리 갖춰진 환경을 이용하는 경우가 아니고서는 일부 마니아들만의 세계였다고 해도 과언이 아니다. 그러나 예전 같으면 생각할 수도 없었던 일이 최근에는 Linux가 보급되면서 노트북이나 가상환경에서도 비교적 손쉽게 설치할 수 있게 되는 등 매우 가까운 존재가 되었다.

　이번 기회에 꼭 Linux의 세계를 느껴보기 바란다.

 ## 가상환경

　Linux 환경이 갖춰져 있지 않은 경우는 직접 환경을 마련해야 한다. 만약 Linux 서버에 접속하여 사용하고 있는 경우에도 특별한 사정이 없는 한, 관리자 권한이 주어지는 일은 없다. 하지만 컴퓨터를 새로 준비하고 Linux를 도입하는 것은 힘든 작업이고 구입비용도 많이 든다. 그래서 Windows 안에 Linux 가상환경을 만드는 것을 생각해보는 것이 좋다.

　가상환경이란 OS상에서 컴퓨터 하드웨어를 에뮬레이트(모방)하여 소프트웨어적으로 컴퓨터를 만드는 것이다. 이렇게 만든 가상 컴퓨터를 가상 머신(또는 가상 PC, 가상 서버)이라고 부른다. 이 가상 머신에 Linux를 설치하는 것이다. 가상환경은 간편하기 때문에 실제 운용에서 처리 성능이 낮아도 상관없는 경우에 이용되는 경우가 많다.

　또한 가상환경은 컴퓨터 안에 컴퓨터를 재현하기 때문에 가상환경을 구축하는 컴퓨터는 많은 디스크 용량, 메모리, CPU 성능을 필요로 한다. 저사양의 컴퓨터에서는 가상환경 속 OS 처리 속도가 느려 작업을 원활하지 않거나 처음부터 가상환경을 구축할 수 없기 때문에 주의가 필요하다.

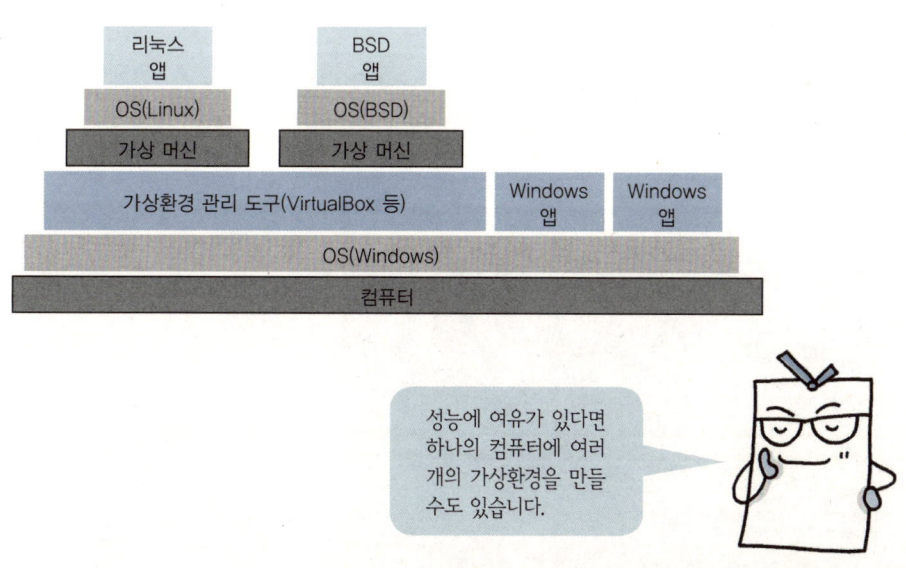

#  VirtualBox 사용법

가상환경을 이용하기 위해서는 전용 소프트웨어가 필요하다. 여기서는 Oracle사가 제공하는 VirtualBox라는 애플리케이션을 사용한다. 다음 그림은 VirtualBox 매니저(관리 화면)를 실행한 화면이다.

왼쪽의 OS명을 보면 이미 Ubuntu와 CentOS가 설치된 것을 볼 수 있다. 이 OS명을 더블 클릭하면 가상 머신 전원이 켜지고 OS가 시작된다.

VirtualBox와 Ubuntu, CentOS 설치 방법은 부록을 참고하기 바란다.

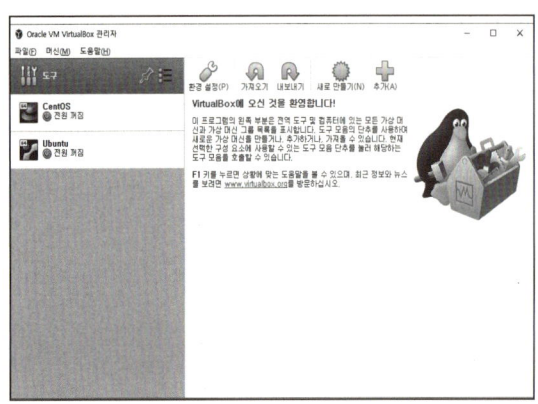

실행 후에는 다음과 같은 화면이 나오고 창 안에서 다른 OS를 이용할 수 있게 된다. 또한 Host+F 키(Host는 디폴트로 오른쪽 Ctrl 키)를 눌러 전체 화면 표시로 할 수도 있다.

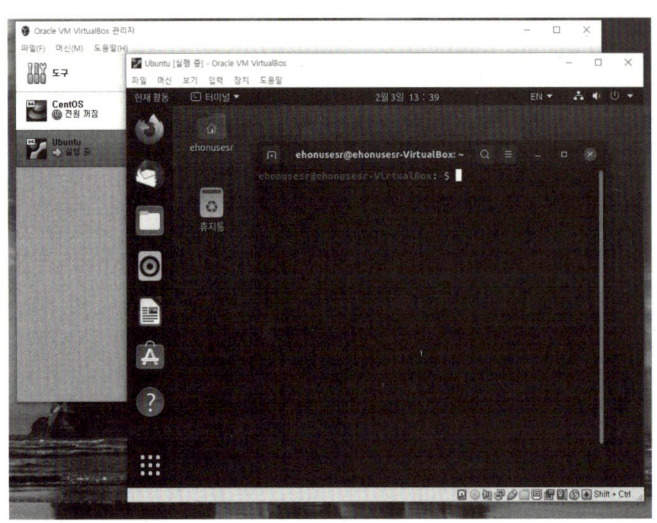

마우스 커서의 움직임이 윈도우 내에 한정되어 있는 경우가 있는데, 이 경우 당황하지 말고 Host 키를 누르세요.

가상 머신의 OS를 종료하면 창이 닫히고 가상 머신 전원이 꺼진다. 또한 창 오른쪽 상단의 ⓧ 버튼을 누르면 다음의 대화 상자가 나타난다. [현재 시스템 상태 저장하기]를 선택하고 〈확인〉 버튼을 클릭하면 현재 상태를 그대로 저장할 수 있다. 다음 번 가상 머신을 실행했을 때는 지금 상태에 이어서 시작한다.

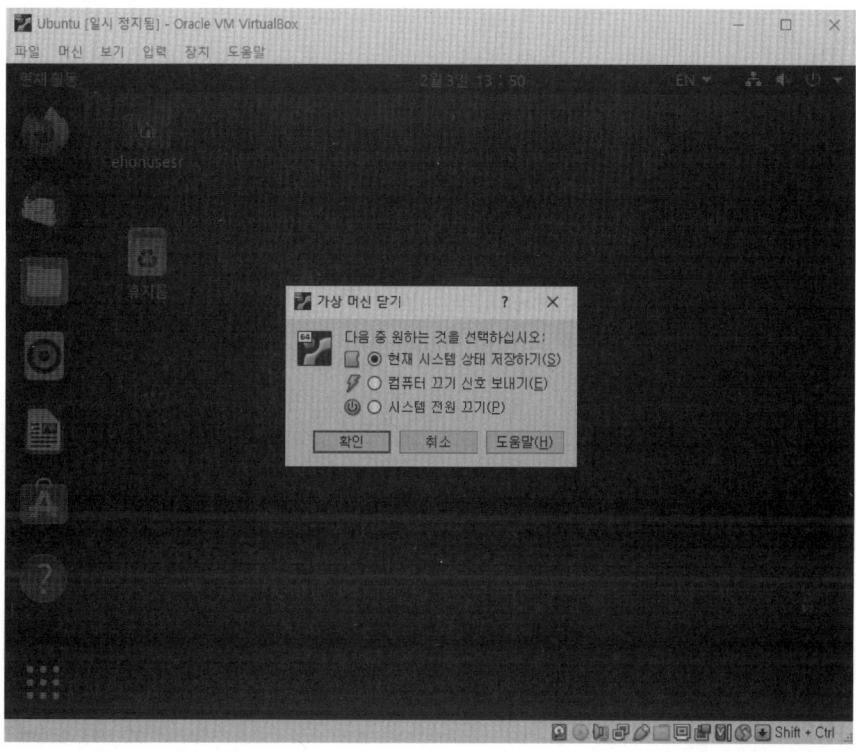

## CentOS 사용법

가상 머신을 실행하여 사용자명과 비밀번호를 입력하면 CentOS GUI 화면이 나타난다. 이 상태에서 CUI 환경을 실행하려면 먼저 왼쪽 상단의 〈현재 활동〉을 클릭한다.

화면이 바뀌면 왼쪽 하단의 〈프로그램 표시〉 버튼을 클릭한다. 애플리케이션 목록이 표시되므로 유틸리티 안의 〈터미널〉 버튼을 클릭한다.

검색창에 '터미널'이라고 입력하여 〈터미널〉 아이콘을 검색할 수도 있다.

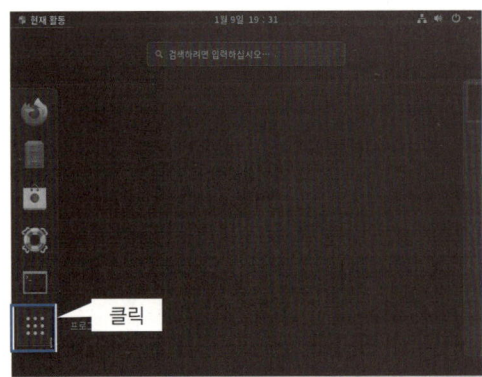 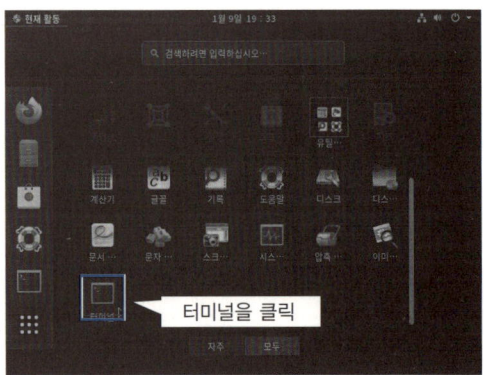

〈터미널〉을 실행하면 다음과 같은 화면이 나타난다. CentOS 내의 창을 닫을 때는 윈도우 오른쪽 상단의 ⊗ 버튼을 클릭한다.

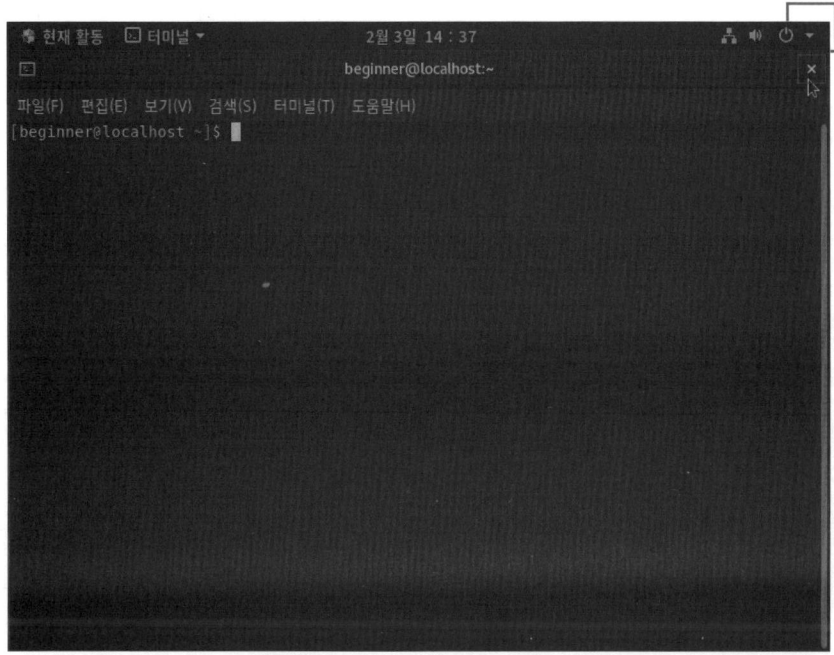

OS를 종료할 때는 화면 오른쪽 상단의 ▼ 버튼을 클릭한 후 〈전원〉 아이콘(⏻)을 클릭한다.

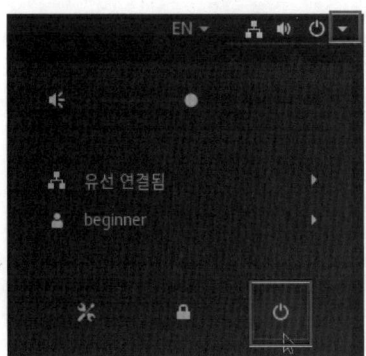

**Ubuntu 사용법**

가상 머신을 실행하고 사용자명과 비밀번호를 입력하면 Ubuntu의 GUI 화면이 나타난다. 이 상태에서 CUI 환경을 실행하려면 왼쪽 하단의 버튼(▦)을 클릭한다.

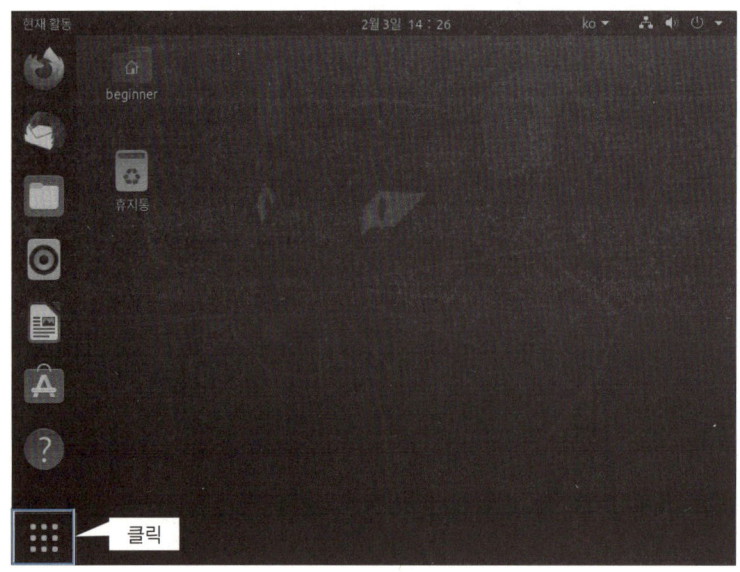

애플리케이션 목록이 표시되면 아래로 스크롤하여 터미널을 클릭한다.

검색창에 '터미널'이라고 입력하여 〈터미널〉 아이콘을 검색할 수도 있다.

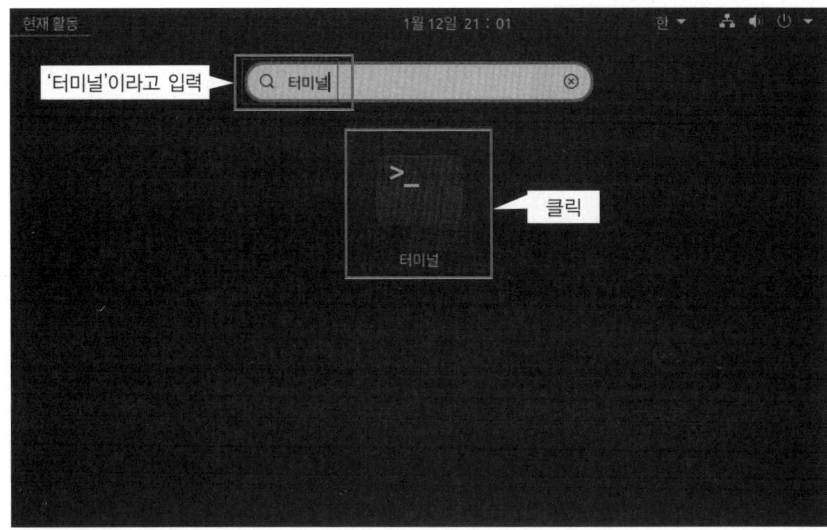

단말기를 실행하면 다음과 같은 화면이 나타난다. Ubuntu 안의 창을 닫을 때는 윈도우 오른쪽 상단의 오렌지색 ⊗ 버튼을 클릭한다.

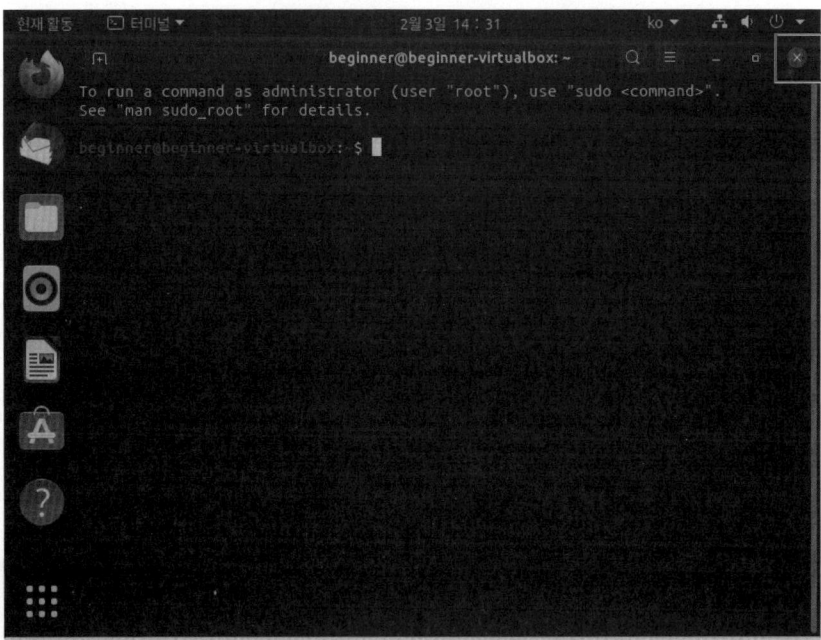

OS를 종료할 때는 화면 오른쪽 상단의 ■ 버튼을 클릭하고 나서 〈⏻〉 버튼을 클릭한다.

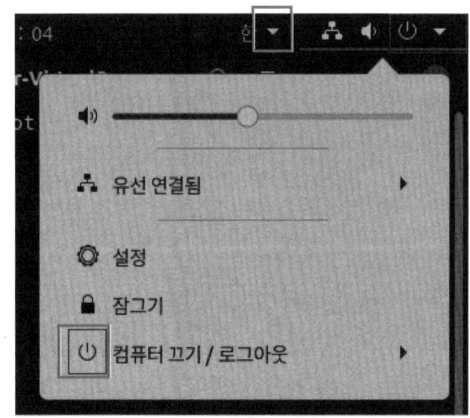

# 1

# Linux 사용하기

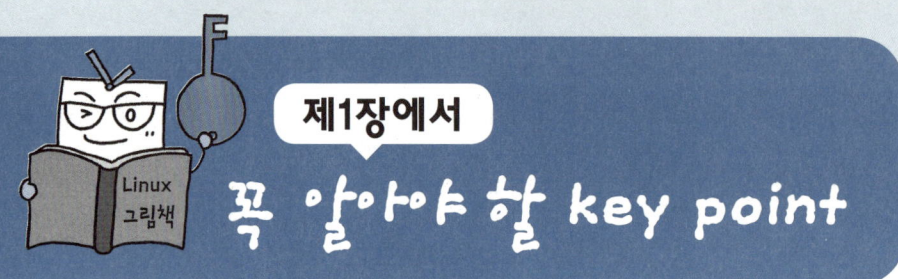

## 제1장에서 꼭 알아야 할 key point

###  Linux의 규칙

Linux에는 몇 가지 규칙이 있다. 먼저 **로그인과 로그아웃(로그온과 로그오프)**을 기억하자. Windows에서는 전원을 켜면 자동으로 로그인할 수 있고 셧다운을 선택하면 자동적으로 로그아웃하여 전원이 꺼진다. 하지만 Linux에서는 누가 언제 쓰기 시작했고 언제 마쳤는지가 엄밀하게 관리된다. 이 때문에 로그인과 로그아웃은 반드시 진행해야 할 작업이 된다. 또한 전원을 끄거나 재실행하려면 관리자가 특별한 명령어를 실행해야 한다. 이것은 Linux가 원래 여러 사람에 의한 이용을 전제로 한 서버 OS로 설계되어 일반 사용자가 마음대로 전원을 끌 수 없기 때문이다.

### 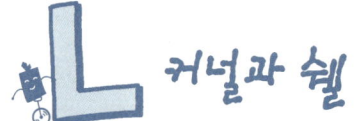 커널과 쉘

**커널**은 OS 자체, **쉘**은 OS를 쉽게 사용하기 위한 기능이다. 쉘이 없으면 우리의 의사를 커널에 전달할 수가 없다. 편지를 쓸 때 볼펜이나 연필, 만년필과 같은 필기도구를 고르는 것과 마찬가지로 쉘도 목적이나 편의성에 따라 선택하여 사용할 수 있다.

# 디렉터리 구조와 파일 관리

　Linux를 배우는 데 있어서 중요한 것 중 하나가 **디렉터리 구조**의 개념이다. Linux에서는 모든 파일이 **디렉터리**라는 단위로 정리되어 관리되고 있다.
　이것은 Windows에서도 마찬가지이지만 GUI 환경에서는 시각적으로 이해하기 쉬우므로 디렉터리 구조를 그다지 의식하지 않아도 작업이 가능하다. 하지만 Linux의 기본은 CUI 환경이다. CUI 환경에서는 디렉터리 구조를 이해하고 항상 파일의 존재 여부를 파악해 두지 않으면 사소한 조작도 할 수 없다.
　또 Linux에서는 확장자의 사용법이 Windows와는 조금 다르다. Windows에서는 애플리케이션과의 관련성을 주된 목적으로 사용하지만 Linux에서는 파일의 종류를 특정하기 위해 사용자가 독자적으로 지정한다는 성질이 강하다. 그렇기 때문에 확장자가 없는 파일이나 이름이 '.(dot)'으로 시작하는 파일도 존재한다. 또 Linux에서는 '.' 이후의 문자를 가리키는 데 **서픽스**(suffixes)라는 표현을 자주 사용한다. 확장자와 서픽스는 엄밀하게는 다른 것이지만 이 책에서는 일반 사용자에게도 친숙한 확장자를 사용하도록 한다.
　그 외에 이 장에서는 Linux를 배우는 데 있어서 예비지식 차원에서 정보를 정리하여 소개하고 있다. 실제로 조작하는 일보다 계속 읽어나가는 토픽이 이어지기 때문에 다소 지루하게 느껴질지도 모르지만 포기하지 말고 하나하나 천천히 이미지를 파악하자.

# 명령에 의한 조작

GUI와 어떻게 조작성이 다른지와 주의점에 대해 소개한다.

 **기본은 명령**

'Linux를 시작하기에 앞서'에서도 소개했듯이 Linux에서는 키보드에 의한 명령 입력이 메인이 된다. 마우스로 조작하는 데 익숙한 사람은 키보드로 명령을 입력하는 것에 처음에는 많이 당황할지도 모른다.

GUI 환경에서는, 예를 들어 파일을 복사하는 경우도 어디서 어디로 복사하는지 눈으로 확인하면서 작업할 수 있다. 그러나 CUI 환경에서는 시각적으로 확인하는 일 없이 어디서 무엇을 하는지를 정확하게 명령으로 지시하지 않으면 안 된다.

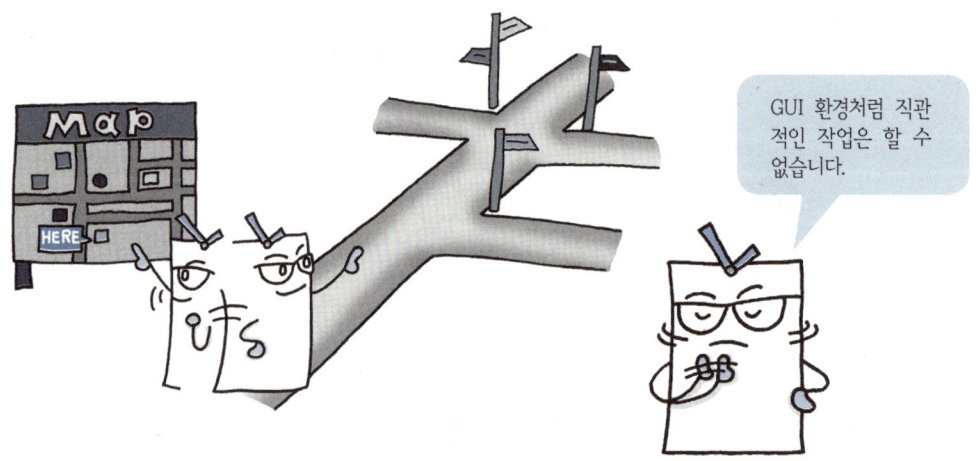

여기서는 사용자가 명령을 지시할 수 있는지가 관건이다. 먼저 자신이 지금 어떤 장소에 있는지, 주변에 뭐가 있는지 확인하는 것부터 시작해 보자.

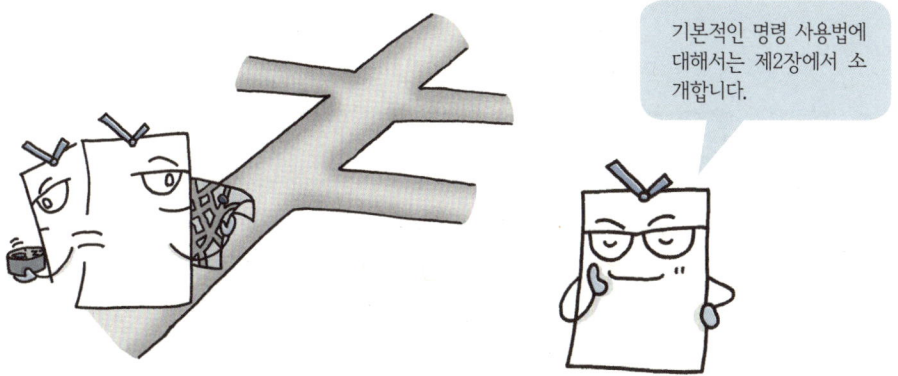

기본적인 명령 사용법에 대해서는 제2장에서 소개합니다.

## 🔓 명령 프롬프트와 명령 행 라인

시스템이 명령 입력을 기다리고 있는 상태를 나타내는 기호(>, $, # 등)를 **프롬프트**라고 한다. 또 명령을 입력하는 행을 명령 행이라 하고 '**명령 행**(명령 프롬프트)에서 입력한다'는 식으로 표현한다.

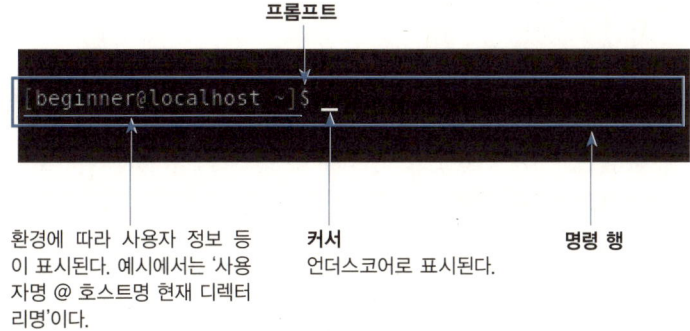

프롬프트

환경에 따라 사용자 정보 등이 표시된다. 예시에서는 '사용자명 @ 호스트명 현재 디렉터리명'이다.

커서
언더스코어로 표시된다.

명령 행

# 로그인과 로그아웃

모든 조작의 기본이 되는 조작에 대해 살펴보자.

##  로그인/ 로그아웃

로그인은 미리 부여받은 Linux상의 이용자명(**사용자 계정**)과 **비밀번호**를 통해 Linux의 각 기능을 사용할 수 있는 상태를 말한다. **로그아웃**이란 모든 작업을 종료하는 것이다.

Windows의 경우는 사용자 계정이나 비밀번호 입력을 생략할 수 있으나 Linux에서는 반드시 어떤 사용자가 로그인하는지를 확인(증명)한다.

실제 Linux를 CUI 환경으로 설치한 경우의 로그인과 로그아웃 상태를 살펴보도록 하자.

## ≫ 로그인

① 실행 후 'login:'이라고 표시되면 사용자 계정을 입력하고 Enter 키를 누른다.

```
CentOS Linux 8
Kernel 4.18.0-240.el8.x86_64 on an x86_64

Activate the web console with: systemctl enable --now cockpit.sock

localhost login: beginner
```

② 비밀번호를 요구하므로 비밀번호를 입력하고 Enter 키를 누른다(비밀번호는 화면에는 표시되지 않는다).

```
CentOS Linux 8
Kernel 4.18.0-240.el8.x86_64 on an x86_64

Activate the web console with: systemctl enable --now cockpit.sock

localhost login: beginner
Password:
```

③ 인증이 완료되면 로그인 성공이다. 비밀번호가 다른 경우에는 오류를 알리는 메시지가 표시된다.

```
localhost login: beginner
Password:
Last login: Tue Mar 16 19:58:40 on tty2
[beginner@localhost ~]$




Login incorrect
```
← 비밀번호가 틀릴 경우에 표시되는 메시지

## ≫ 로그아웃

① 'logout'이라는 명령을 입력하고 Enter 키를 누른다.

```
beginner@localhost ~]$ logout_
```

② 문제 없이 로그아웃이 완료되면 로그인 화면으로 돌아간다.

```
CentOS Linux 8
Kernel 4.18.0-240.el8.x86_64 on an x86_64

Activate the web console with: systemctl enable --now cockpit.sock

localhost login: beginner
```

# 커널과 쉘

커널과 쉘의 관계에 대해 살펴보자.

## 커널이란

커널이란 OS의 핵심이 되는 부분, 즉 OS 자체를 말한다. Linux의 경우 커널은 Kernel 4.18.0과 같이 표기되며, Kernel 뒤에 붙어 있는 번호가 커널 버전을 나타낸다.

커널

Linux와 같은 오픈소스 세계에서는 서로 다른 버전의 커널이 전 세계에 존재하고 있다. Windows와 같은 제조사가 지원해주지 않으므로 시스템 관리자가 자신의 판단으로 가장 안정적인 커널을 선택해야 한다.

자신의 목적에 맞는 커널을 선택하세요.

# 🔓 쉘이란

**쉘**은 사용자의 명령을 커널에 전달하는 기능을 한다. 커널은 하드웨어와 밀접하게 관련되어 있어 사용자의 명령을 직접 이해할 수 있는 능력이 없다. 그래서 쉘이라는 창구를 통해 명령을 커널에 전달해야 한다.

# 여러 가지 쉘

쉘에는 여러 가지 종류가 있다. 대표적인 쉘을 알아보자.

 쉘의 종류

쉘에는 여러 종류가 있으며, 대표적인 쉘은 다음과 같다.

| 이름 | 특징 |
|---|---|
| sh (에스에이치) | 가장 기본적인 명령어 처리 능력을 가지고 있는 쉘로, b쉘이라고 부른다. 동작은 빠르지만 기능 면에서는 다른 쉘에 비해 빈약하기 때문에 주로 쉘 스크립트(80쪽 참조)의 실행 환경 등에 사용되는 경우가 많다. |
| bash (배시) | b쉘을 확장한 쉘로, 현재는 이것을 b쉘이라 부르는 경우도 있다. Linux에서는 표준 쉘로 채택되어 있으며 가장 널리 알려진 쉘이라 할 수 있다. |
| ksh (k쉘) | b쉘을 확장한 쉘로, AT&T사가 개발했으며 상용 UNIX로 사용되고 있다. |
| csh (c쉘) | 주로 BSD 계열에서 채택되고 있는 쉘로, c쉘이라고 부른다. C 언어적 명령어 구문을 가지고 있는 것이 특징이다. |
| tcsh (tc쉘) | c쉘을 확장한 쉘로, 현재의 BSD 계열 OS에서는 표준 쉘이다. bash와 함께 많이 사용하는 쉘이다. |
| zsh (z쉘) | b쉘을 확장한 쉘이지만 tcsh 기능도 갖고 있다. b쉘 계열과 c쉘 계열의 두 기능을 모두 사용할 수 있지만 대신 동작이 느린 단점이 있다. |

이 책에서는 **bash**를 대상으로 이야기를 진행한다. 쉘에 따라 명령이 다른 경우가 있으므로 주의해야 한다.

## 쉘의 전환

쉘은 필요에 따라 사용자가 전환할 수 있다. 쉘에 따라 기능에 차이가 있으므로 우선 평소에 사용하는 쉘에 익숙해진 후에 다른 쉘을 조작하는 것이 좋다(환경에 따라서는 앞에서 소개한 쉘이 준비되어 있지 않을 수도 있기 때문이다).

쉘을 전환하기 위해서는 명령 행에서 쉘의 이름을 입력한다. **exit** 명령을 입력하면 원래의 쉘로 돌아온다.

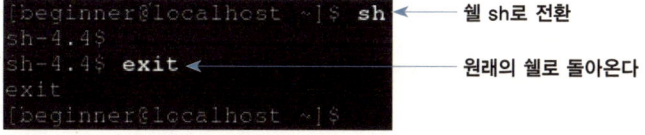

※굵은 글자가 실제로 입력한 문자이다.

# 파일

Linux에서의 파일과 명령 관계에 대해 알아본다.

##  파일의 종류

파일은 일반적으로 **텍스트 파일**과 **바이너리 파일**로 분류된다.

**텍스트 파일**

텍스트(문자)가 입력된 파일이다. 텍스트 에디터 등으로 열람이나 편집이 가능하다.

**바이너리 파일**

전용 툴을 사용하지 않으면 열람할 수 없습니다.

프로그램이나 기타 데이터를 포함한 파일로, 텍스트 에디터로는 열람이나 편집은 할 수 없다.

Linux에서 취급하는 파일은 실행할 수 있는 파일과 실행할 수 없는 파일로 나눌 수 있다.

**실행할 수 있는 파일**

※권한 설정(76쪽 참조)이 필요하다.

프로그래밍 언어에 따라 특정한 처리를 위해 만들어진 바이너리 파일

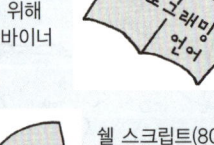

쉘 스크립트(80쪽 참조)라는 명령을 기술한 텍스트 파일

**실행할 수 없는 파일**

데이터 파일이나 설정 파일 등 왼쪽에 열거한 종류 이외의 파일

## 명령의 정체

Linux에서 사용하는 명령은 **외부 명령**과 **내부 명령**으로 분류된다.

파일의 소재(경로)를 지정하지 않고 명령만을 입력하고 Enter 키를 누르면 쉘이 미리 정해진 장소에 해당 명령의 실행 파일이 있는지 확인한다(110쪽 참조). 파일이 있으면 그것을 실행하고 없으면 오류로 표시한다.

# 디렉터리

디렉터리의 구조와 주요 디렉터리에 대해 소개한다. 디렉터리는 Windows의 폴더에 해당한다.

## 디렉터리의 구조

Linux에서는 파일을 저장하는 장소가 **디렉터리**라는 단위로 분류되어 있다. 디렉터리는 **트리 구조(계층 구조)**로 되어 있다. 예를 들어 다음과 같은 식이다.

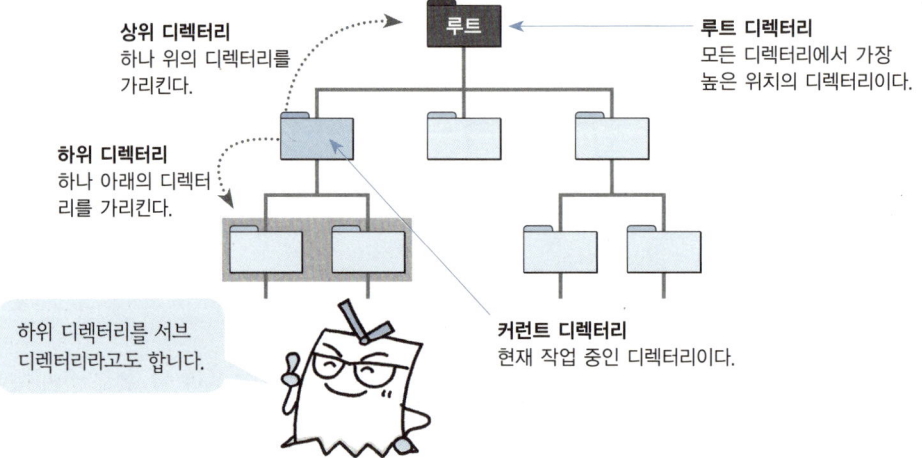

## 홈 디렉터리

**홈 디렉터리**는 로그인한 사용자 계정의 시작점이 되는 장소로, 홈 디렉터리명은 일반적으로 사용자명과 같게 한다.

**14** 제1장_Linux 사용하기

 ## 주요 디렉터리

홈 디렉터리나 루트 디렉터리 이외에도 자주 나오는 대표적인 디렉터리는 다음과 같다.

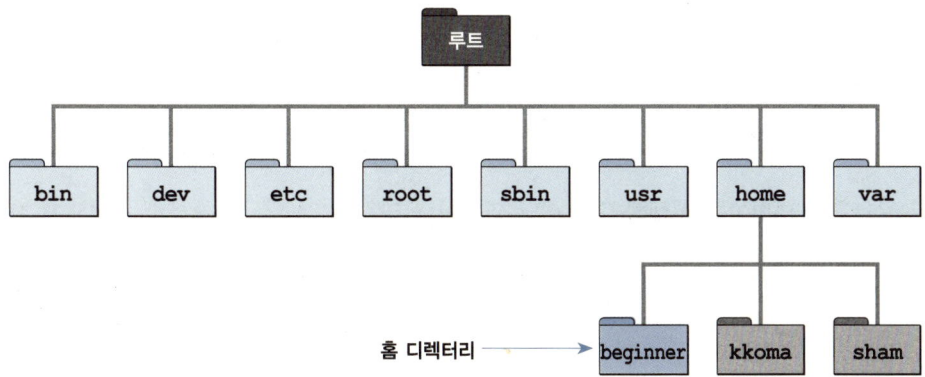

| 디렉터리 | 역할 |
|---|---|
| bin | 바이너리 형식의 실행 파일이나 명령이 보관되어 있다. |
| dev | 디바이스 관련 파일이 보관되어 있다. |
| etc | 각종 설정 파일 등 다양한 파일이 보관되어 있다. |
| root | 루트 디렉터리와는 별도로 준비된 시스템 관리자용인 홈 디렉터리이다. |
| sbin | 관리자용 시스템 표준 명령이 보관되어 있다. |
| usr | 각 사용자의 데이터나 애플리케이션이 보관되어 있는 장소이다. |
| home | 이 디렉터리 아래에 사용자별 디렉터리가 만들어지고, 거기가 각 사용자의 홈 디렉터리가 된다. |
| var | 애플리케이션의 기록(로그) 파일이나 메일 데이터 등이 보관되어 있는 장소이다. |

# 경로와 확장자

경로의 기초 개념과 확장자에 대해 알아본다.

## 경로의 개념

파일을 열거나 명령어를 실행하려면 해당 파일이나 명령어 장소를 정확하게 지정해야 한다. 이 지정 방법을 **경로**(path)라고 한다.

경로는 '/'(슬래시)로 디렉터리와 디렉터리를 구분하여 표시한다. 경로 작성 방법에 대해서는 제2장에서 좀 더 자세히 소개한다.

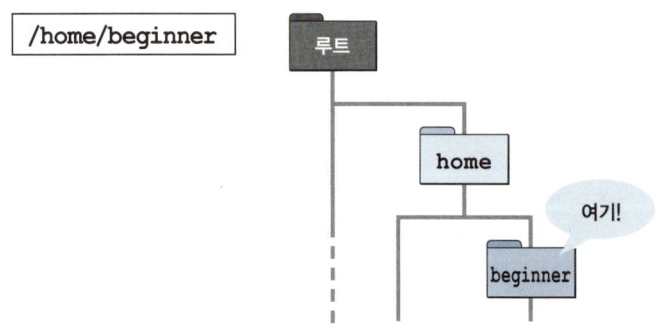

## 확장자

Linux에서는 원칙적으로 파일명에 확장자는 필요하지 않다. 애플리케이션에 따라서는 특정 확장자를 식별하거나 파일을 작성할 때 자동으로 붙는 경우도 있지만 기본적으로 어떤 확장자를 붙일지는 사용자에 달려 있다.

### » 특별한 파일

Linux에서는 파일명 뒤에 확장자가 없거나 파일명이 '.'으로 시작하는 **닷 파일**이라 부르는 파일도 있다(예 : .bashrc 등). 특히 닷 파일은 환경 설정 등 특수한 용도로 사용된다(일반적으로는 보이지 않게 설정되어 있다).

# 파일 시스템

Linux에서 이용 가능한 파일 시스템의 종류와 특징에 대해 간단하게 소개한다.

## 🔓 파일 시스템이란

파일 시스템이란 문자 그대로 파일을 관리하는 시스템을 말한다. 여러 종류가 있으며, 기능 면에서 각각 차이가 있다. 서버로 많은 데이터를 다루는 것이 아니라면 초기 설정에서 지정된 것을 그대로 사용해도 괜찮다.

## 🔓 파일 시스템 간의 호환성

Windows와 Linux는 파일 시스템이 다르기 때문에 기본적으로는 서로의 파일을 이용할 수 없다. 파일을 주고받으려면 전용 애플리케이션을 사용하거나 호환성이 있는 파일 포맷을 사용해야 한다.

## 파일 시스템의 종류

Linux에서 사용되는 주요 파일 시스템에 대해 알아본다.

| 파일 시스템 | 특징 |
|:---:|---|
| ext4 | Linux의 표준 파일 시스템으로 채택된 ext(EXTended file system)의 후속이다. 현재도 많은 Linux 디스트리뷰션의 디폴트 파일 시스템으로 되어 있다. |
| JFS | IBM이 개발한 파일 시스템이 기반이며, Linux에서는 커널 2.6이 표준으로 채택되었다. 기존의 파일 시스템에 비해 신뢰성이 높으며 접속 속도가 빠르다는 특징이 있다. |
| XFS | SGI사가 개발한 파일 시스템을 이식한 것으로, 병렬 입출력 조작이 뛰어나다. |

### ≫ 가상 파일 시스템

파일이 많은 경우 하드 디스크나 SSD에 저장되지만, 메모리 일부를 파일 시스템으로 사용한 것을 **가상 파일 시스템**이라고 한다. 가상 파일 시스템의 예로는 tmpfs나 devtmpfs와 같은 것이 있다.

가상 파일 시스템은 일반적인 파일 저장소로 사용됩니다.

# COLUMN

## 파일의 압축과 풀기

'파일을 압축한다' 또는 '파일을 푼다'는 말을 많이 사용하는데, 컴퓨터 세계에서 압축이란 파일 내용(데이터)을 콤팩트하게 표현하여 정보 내용은 그대로인 채 데이터 크기만 작게 하는 것을 말한다. 또 푼다는 것은 압축된 파일을 원래대로 되돌리는 것을 말한다.

Linux에서는 크기를 작게 압축하여 여러 개의 파일로 정리하는 것을 아카이브라고 하여 구별하는 경우가 있다. **아카이브**된 파일을 원래대로 되돌리는 것을 **해제**라고 한다. 그런데 Windows에서는 푸는 것을 해제라고 부르고 있어 용어가 혼용되어 버리는 경우도 많다.

Windows의 압축 형식으로는 ZIP이 유명하지만 Linux의 경우는 종류가 많은 데다 표준적인 압축 형식에 대해서는 이에 대응한 명령이 준비되어 있다.

| 주요 명령어 | 기능 |
|---|---|
| gzip / gunzip | 압축 / 해제 |
| zip / unzip | 압축 / 해제 |
| tar | 아카이브, 생성, 압축, 해제 (하나의 명령으로 대응) |

특징적인 것은 tar 명령으로 작성된 파일이라는 것이다. 아카이브만 하면 확장자가 .tar인 파일이 만들어지고, 옵션을 사용하여 압축까지 하면 .tar.gz와 같이 두 개의 확장자가 나란히 있는 파일이 만들어진다.

# 2

## 기본적인 제어

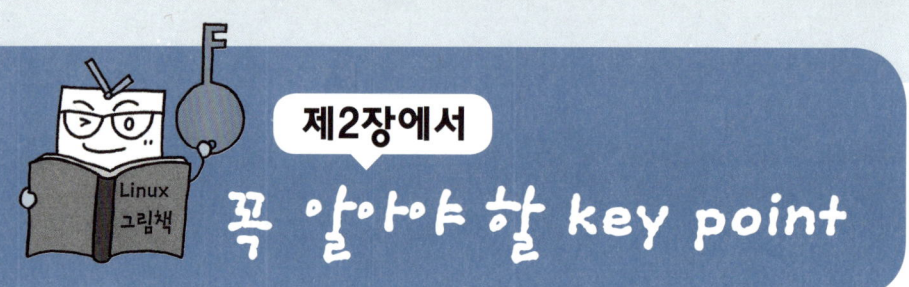

## Linux의 기본 조작

제2장에서는 Linux를 조작할 때의 주의사항, 기초지식과 더불어 우선 기억해야 할 명령에 대해 알아보고자 한다.

CUI 환경에 익숙하지 않은 사람이 Linux를 어렵다고 생각하는 이유는 '자신이 무엇을 어디서 하려는 것인지를 시각적으로 이해하기 어렵기 때문'이다. 제1장에서도 언급했지만 Linux에서는 모든 파일이 루트 디렉터리에서 파생된 디렉터리에 담기고 각각의 디렉터리가 트리 구조로 관리되고 있다. Windows의 익스플로러처럼 트리 구조를 보면서 조작할 수 있으면 좋겠지만 유감스럽게도 CUI 환경에서는 그럴 수가 없다. 그래서 사용자는 자신이 머리 속으로 트리 구조를 그려보면서 조작해야 한다.

Linux에서는 명령어를 실행하거나 파일을 볼 때도 모두 **경로**(목표 데이터까지의 여정)를 사용하여 지시해야 하기 때문에 '경로를 정확하게 적는 것'이 조작의 대전제가 된다. 이 장에서는 경로의 사용법에 대해 몇 가지 예를 들어 소개한다. 머리 속으로 트리 구조를 떠올리면서 경로 사용법을 배워보자.

 명령 입력의 기본

또한 이 장 후반에서는 자주 사용하는 명령을 몇 가지 소개한다. 간단한 명령을 사용하여 Linux 조작에 익숙해지는 것부터 시작하자. 무슨 일이든지 경험하는 것이 중요하다.

단, 파일을 이동하거나 삭제하는 명령을 아무렇게나 사용하면 문제의 원인이 될 수 있다. 처음에는 파일이나 디렉터리 정보를 보는 것부터 시작하면 좋을 것이다. 검색 명령도 몇 가지 소개하였으니 어떤 파일과 디렉터리가 있는지 검색해 보기 바란다.

덧붙여 일반적으로 관리자가 아닌 사용자가 자유롭게 사용할 수 있는 것은 자신의 홈 디렉터리에 한정되어 있다. 부주의하게 여기저기 디렉터리에 들어가서 다른 사용자의 중요한 데이터를 삭제하거나 변경하는 등의 문제를 피하기 위해서이다. 따라서 기본적으로 관리자가 아니라면 홈 디렉터리와 그 하위 디렉터리 이외의 장소에 있는 파일을 건드리지 않는 것이 좋다.

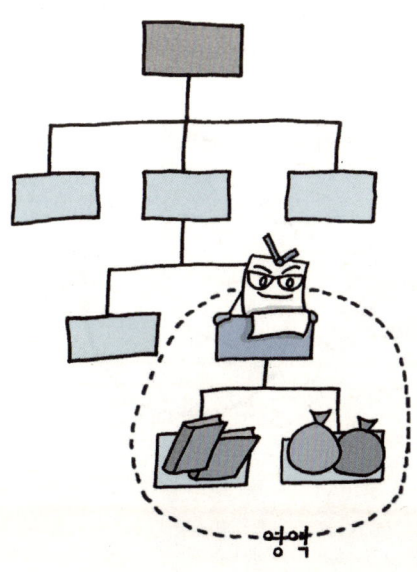

# 명령의 기본

명령을 입력할 때 중요한 기본 구문과 주의사항에 대해 알아보자.

## 🔓 명령 입력 시 규칙

명령을 입력할 때는 다음 4가지 규칙을 지켜야 한다.

① 반드시 반각영숫자를 사용한다.
② 대문자와 소문자를 정확히 구분하여 입력한다(기본적으로는 소문자).
③ 명령과 옵션 사이는 반각 스페이스로 구분한다.
④ 입력이 끝나면 Enter 키를 누른다.

명령은 Enter 키를 누르면 명령으로 접수된다. 이 책에서는 특별히 필요한 경우를 제외하고는 원칙적으로 Enter 키를 사용하지 않겠지만 꼭 마지막에는 눌러주기 바란다.

## 🔒 명령의 기본 구문

명령 입력의 기본 구문은 크게 다음의 세 가지 유형이 있다.

### ≫ 명령

명령만을 입력한다. 복잡한 작업은 할 수 없지만 손쉽게 사용할 수 있고 바로 결과를 얻을 수 있다.

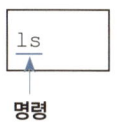 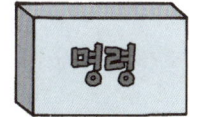

### ≫ 명령 + 인수

명령에는 대상이 되는 파일명이나 디렉터리명(경로) 등의 문자열(인수)을 지정하는 경우가 있다. 명령과 인수 사이는 반각 스페이스로 구분한다.

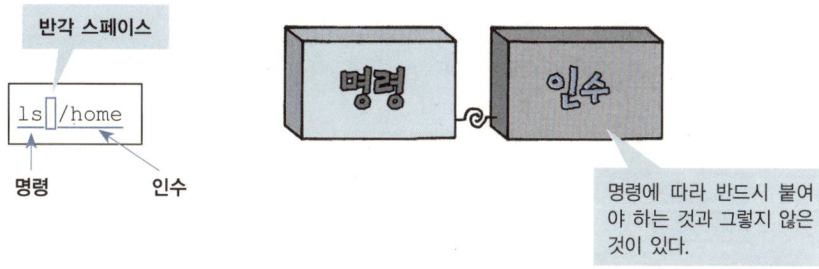

명령에 따라 반드시 붙여야 하는 것과 그렇지 않은 것이 있다.

### ≫ 명령 + 옵션 + 인수

명령에는 옵션을 붙여 기능을 확대할 수 있다.

명령과 그 뒤에 이어지는 옵션이나 인수(이것들을 통틀어 옵션 또는 인수라고 부르기도 한다) 사이는 모두 반각 스페이스로 구분한다.

# 경로 작성 방법

파일 지정의 기본인 상대경로와 절대경로에 대해 알아본다.

 ## 절대경로와 상대경로

경로 작성 방법은 파일이나 디렉터리 장소를 어떤 시점으로 보느냐에 따라 두 종류로 나뉜다.

### ≫ 절대경로

**루트 디렉터리**를 기점으로 지정하는 방법이다. 이 표시 방법은 **커런트 디렉터리**(현재 표시하고 있는 디렉터리)가 어디에 있든 상관없이 확실하게 목적한 파일을 지정할 수 있다.

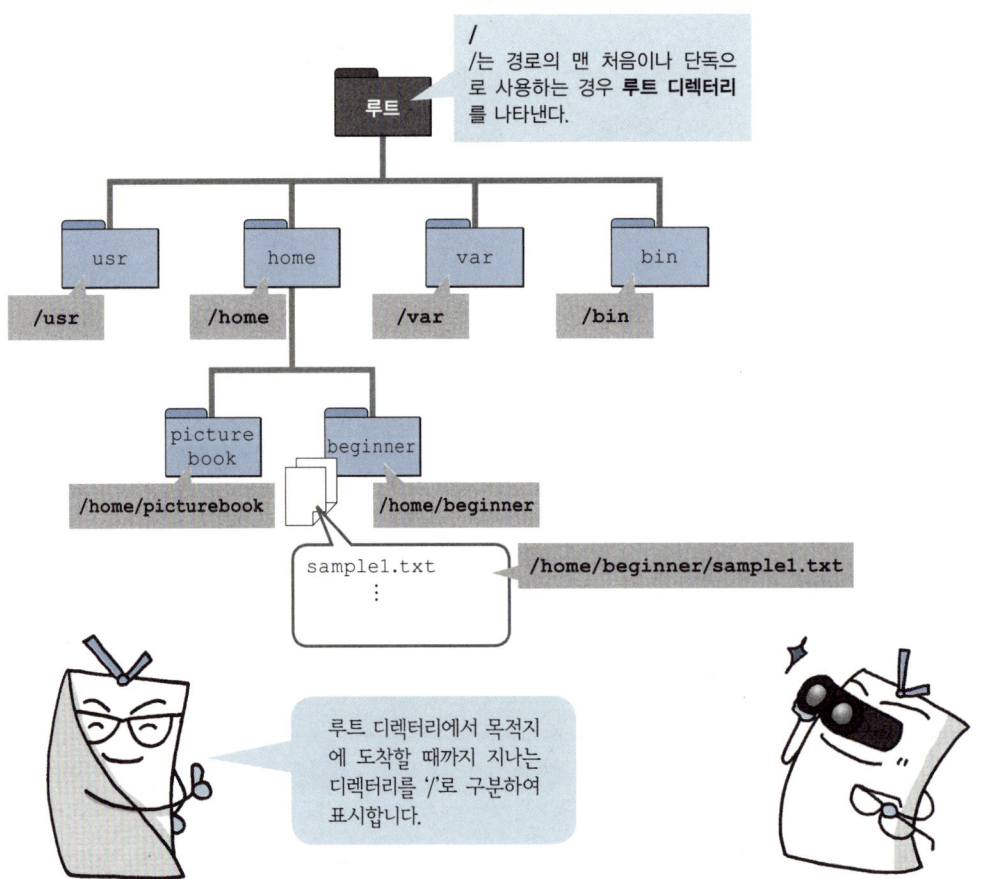

## ≫ 상대경로

커런트 디렉터리를 기점으로 지정하는 방법이다. 아래 그림에서 커런트 디렉터리를 beginner 디렉터리로 했을 경우를 살펴보자.

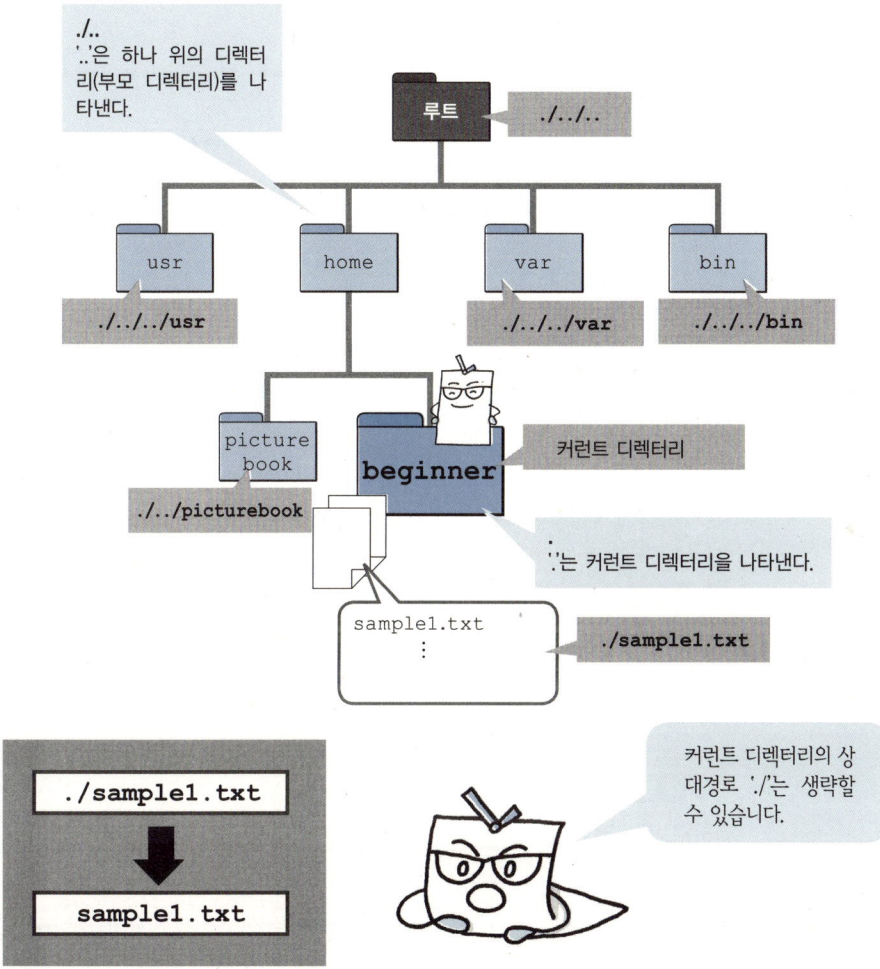

## 🔓 홈 디렉터리 표시 방법

'~'(tilde, 틸데)는 홈 디렉터리를 나타낸다. 루트 디렉터리를 나타내는 '/'와 마찬가지로 경로를 지정하는 데 사용할 수 있다.

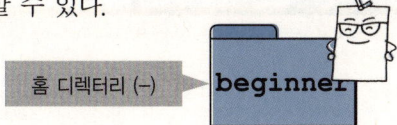

# 기본 명령(1)

디렉터리의 이동과 파일 표시를 실행하는 명령을 알아본다.

##  cd 명령

**cd**(Change Directory) 명령은 커런트 디렉터리를 변경하기 위한 명령이다. 이동하고 싶은 디렉터리명을 명령 뒤에 지정한다.

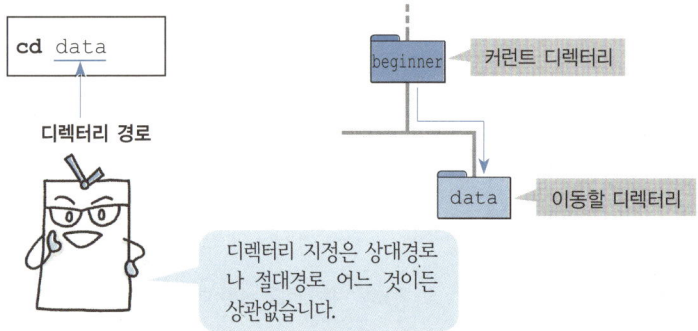

디렉터리를 지정하지 않고 사용하면 어디에 있든 홈 디렉터리로 돌아온다.

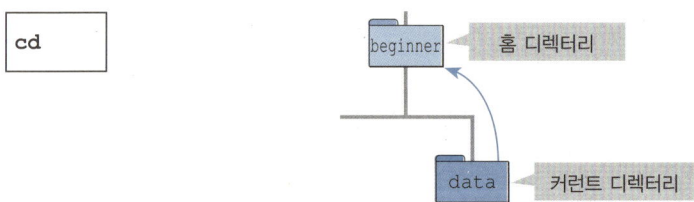

##  pwd 명령

**pwd**(Print Work Directory) 명령을 사용하면 커런트 디렉터리의 절대경로를 표시할 수 있다.

## ls 명령

**ls**(LiSt directory) 명령은 디렉터리 정보를 조사하는 명령이다.

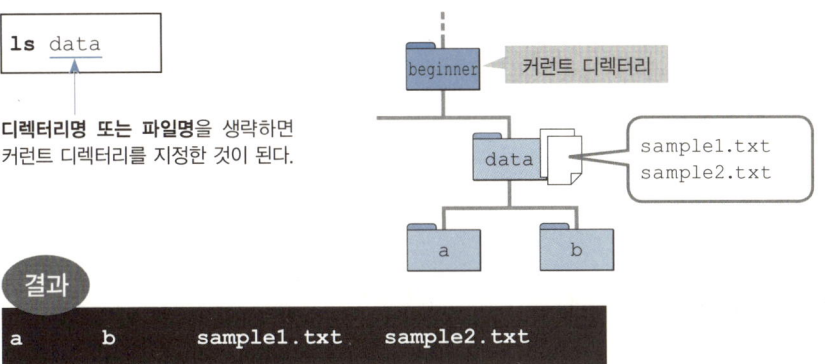

디렉터리명 또는 파일명을 생략하면 커런트 디렉터리를 지정한 것이 된다.

결과

```
a       b       sample1.txt    sample2.txt
```

ls -l이라고 입력하면 상세 정보가 나타난다.

```
[beginner@localhost ~]$ ls -l
drwxr-xr-x    2 beginner beginner    4096 Feb 11  2002 a
drwx------    5 beginner beginner    4096 Feb 11  2002 b
-rw-r--r--    1 beginner beginner     974 Oct 20 18:46 sample1.txt
-rw-r--r--    1 beginner beginner     951 Oct 20 18:41 sample2.txt
```

ls -a라고 하면 평소에 보이지 않던 닷 파일(108쪽 참조)도 나타난다.

```
[beginner@localhost ~]$ ls -a
.              .bash_profile   .exrc      .qmail     .xemacs     sample2.txt
..             .bashrc         .inputrc   .rhosts    .xsession*
.Xdefaults     .elvisrc        .kde       .screenrc  a
.bash_history  .emacs          .lang      .tcshrc    b
.bash_logout   .emacs.el       .less      .vimrc     sample1.txt
```

**memo**

이 책에서 소개하고 있는 명령 중에서 옵션을 사용할 수 있는 주요 명령에 대해 부록에 레퍼런스 형식으로 정리해 놓았으므로 참조하기 바란다.

# 기본 명령(2)

파일 및 디렉터리의 작성과 삭제에 관한 명령을 알아본다.

##  mv 명령

**mv**(MoVe file) 명령은 파일명을 변경하거나 파일을 이동할 때 사용한다.

### ≫ 파일명 변경
**mv** 명령을 사용해 파일명을 변경하려면 다음과 같이 표기한다.

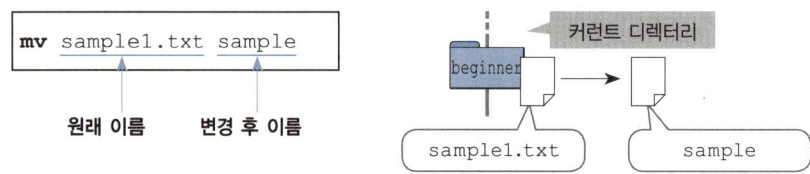

### ≫ 파일 이동
mv 명령을 사용해 파일을 이동하려면 다음과 같이 표기한다.

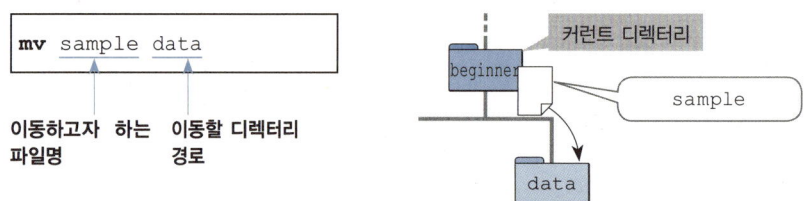

파일명과 같은 이름의 디렉터리가 있는 경우 경로를 바르게 표기하지 않으면 '파일명 변경'이 아닌 '파일 이동'이 실행되는 경우가 있다. 틀리지 않도록 주의하자.

## cp 명령

**cp**(CoPy file) 명령어는 파일을 복사할 때 사용하는 명령이다.

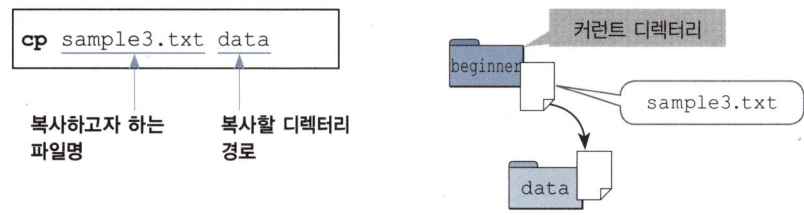

## 🔓 mkdir 명령

새로운 디렉터리를 만들려면 **mkdir**(MaKe DIRectory) 명령을 사용한다.

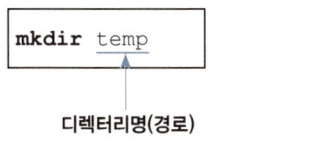
디렉터리명(경로)

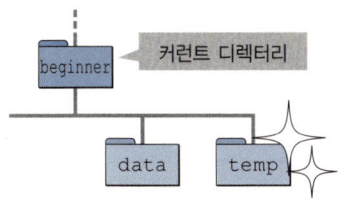

## 🔓 rmdir 명령

빈 디렉터리를 삭제하려면 **rmdir**(ReMove DiRectory) 명령을 사용한다.

디렉터리명(경로)

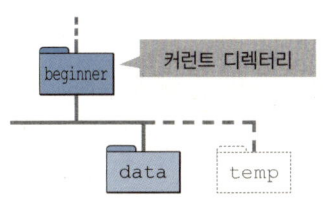

## 🔓 rm 명령

**rm**(ReMove file) 명령은 파일이나 디렉터리를 삭제할 때 사용한다. 파일명을 삭제할 때는 다음과 같이 표기한다.

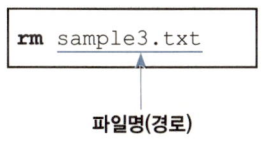
파일명(경로)

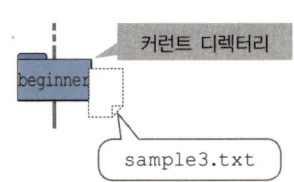

파일이나 디렉터리가 들어 있는 디렉터리(내용 포함)를 삭제하고 싶은 경우에는 옵션 (-r)을 붙여 다음과 같이 표기한다.

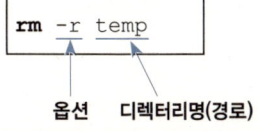
옵션    디렉터리명(경로)

한 번 삭제하면 원래대로 되돌릴 수 없으므로 주의해야 합니다.

기본 명령(2) **31**

# 기본 명령 (3)

파일을 조작하는 명령에 대해 알아본다.

## cat 명령

**cat**(conCATenate) 명령을 사용하면 파일의 내용을 열람할 수 있다.

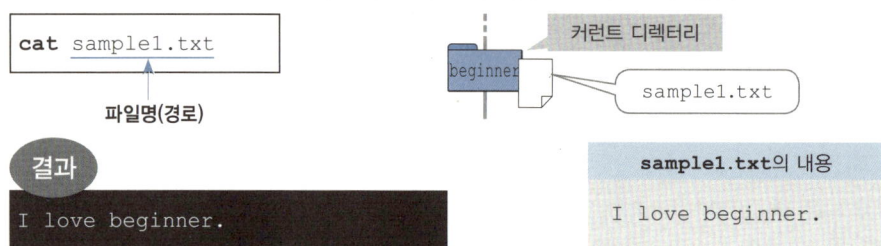

파일명을 지정하지 않으면 키보드 입력 대기 상태가 되어 키보드로 입력한 내용을 반복적으로 표시한다.

## sort 명령

**sort** 명령은 지정한 텍스트 파일 내용을 정렬하여 표시한다. 옵션을 붙이지 않으면 알파벳순, -r을 붙이면 역순으로 정렬한다.

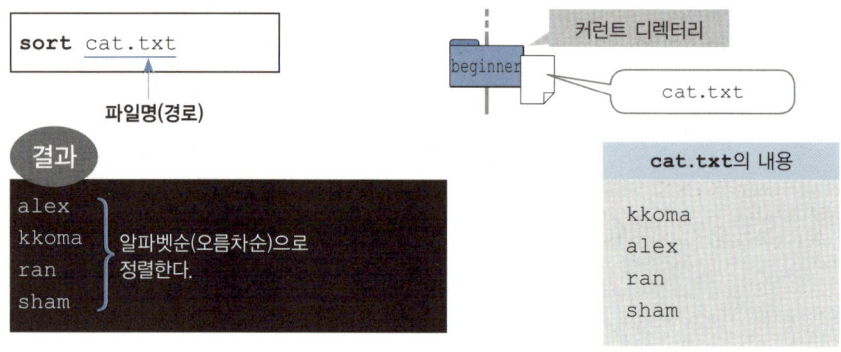

파일명을 지정하지 않으면 키보드 입력 대기 상태가 된다. Ctrl 키와 D 키를 누르면 입력한 내용을 정렬하여 표시한다.

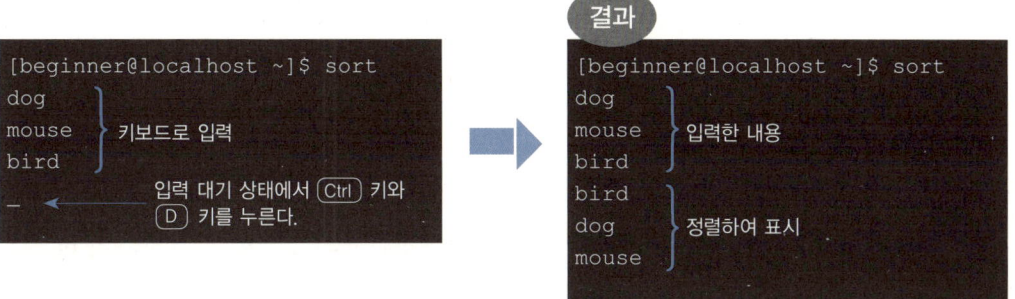

Ctrl 키와 D 키는 사용하는 화면이나 쉘에 따라 기능이 다르다. 쉘에서 로그아웃해 버리는 경우도 있으므로 주의하자.

## 🔓 grep 명령

**grep**(Global Regular Expression Print) 명령은 여러 파일 중에서 문자열을 검색하는 명령으로, 다음과 같이 표기한다.

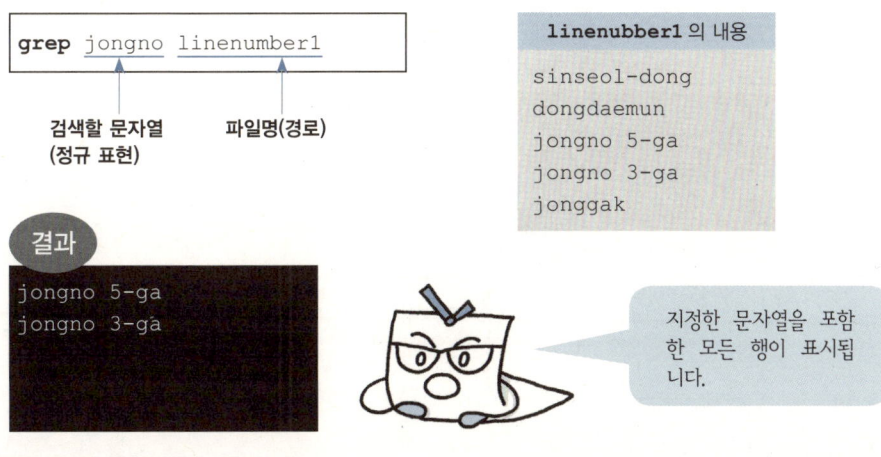

※정규 표현에 대해서는 부록을 참조하기 바란다.

# 기본 명령(4)

파일 및 명령을 검색하는 명령을 알아본다.

## 🔒 find 명령

**find** 명령은 파일을 검색하기 위한 명령이다. 닷 파일도 검색할 수 있다. 커런트 디렉터리 아래에 있는 파일을 검색하려면 다음과 같이 작성한다.

```
find namelist
```
↑ 파일명 또는 임의의 문자열

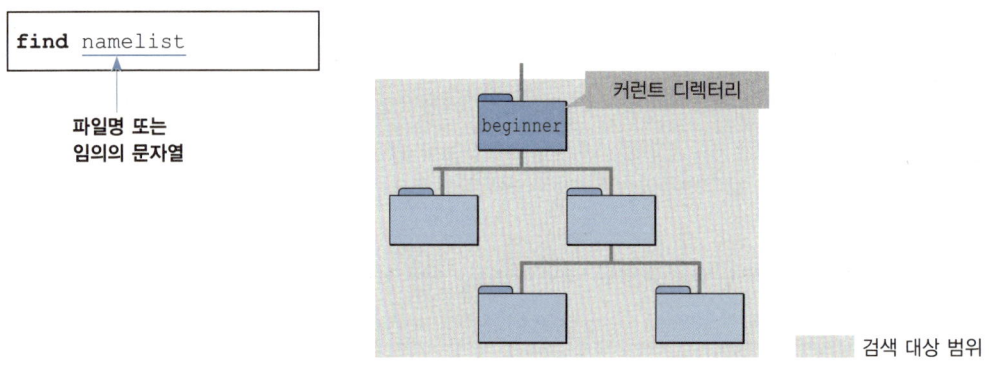

다음과 같이 하면 지정한 임의의 디렉터리 아래를 대상으로 파일을 검색한다.

```
find data namelist
```
↑ 검색 시작 디렉터리
↑ 파일명 또는 임의의 문자열

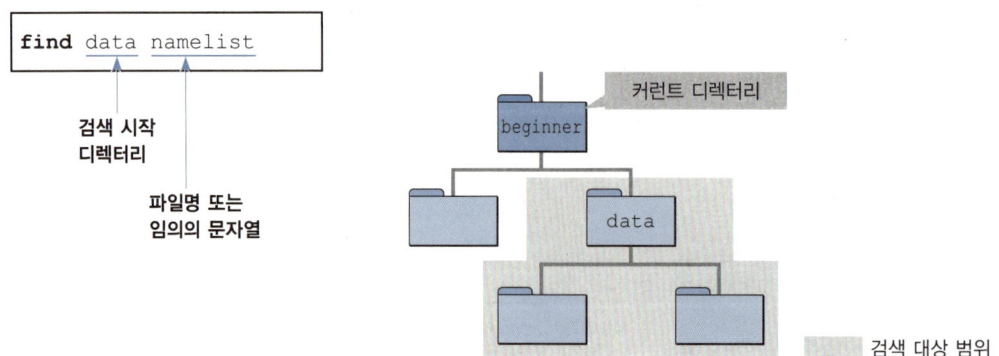

# which 명령과 whereis 명령

명령이 들어 있는 장소를 찾기 위한 명령도 준비되어 있다.

## ≫ which 명령

`which` 명령은 지정된 명령의 본체를 검색하여 그 절대경로를 표시한다.
`ls` 명령을 검색해 보자.

```
which ls
```
↑
**명령 이름**

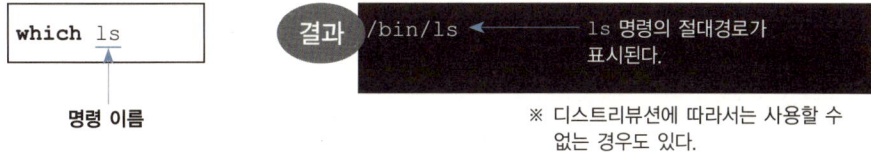

**결과** `/bin/ls` ← `ls` 명령의 절대경로가 표시된다.

※ 디스트리뷰션에 따라서는 사용할 수 없는 경우도 있다.

## ≫ whereis 명령

`whereis` 명령은 명령 경로뿐만 아니라 매뉴얼이나 소스코드 파일 등의 경로도 동시에 조사하여 표시한다.

```
whereis ls
```
↑
**명령 이름**

`ls` 명령 경로와 온라인 매뉴얼 경로가 표시되어 있다.

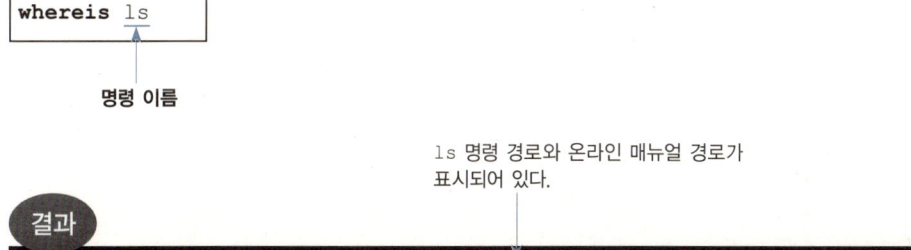

**결과**
`ls: /bin/ls /usr/share/man/man1/ls.1.gz /usr/share/man/man1p/ls.1p.gz`

※ 디렉터리 구성은 디스트리뷰션 등에 따라 다르다.

# COLUMN

## 와일드카드

와일드카드라는 말을 듣고 바로 감을 잡은 사람은 명령 입력에 상당히 익숙한 사람이거나 Windows의 검색 기능이나 검색 사이트 등을 자주 사용하는 사람일 것이다.

예를 들어 a부터 시작하는 파일을 모두 검색하고 싶은 경우는 '*'(애스터리스크)를 사용하여 다음과 같이 표기한다.

```
find a*
```

'a*'은 '첫 글자가 a이면 그 후의 문자는 무엇이든 괜찮다'라는 의미이다. '*'처럼 무엇으로든 바꿀 수 있는 특수기호를 **와일드카드**라 하고 트럼프의 조커와 쓰임새가 같다.

와일드카드에는 '*' 이외에도 몇 가지 종류가 있다. 예를 들어 '*'는 임의의 0개 이상의 문자열을 나타내지만 '?'는 임의의 한 개의 문자열을 나타낸다. 그래서 다음과 같이 입력하면 a로 시작하는 두 문자의 문자열을 find 명령으로 검색하게 된다.

```
find a?
```

와일드카드는 검색 문자열의 전후 어느 쪽에 붙여도, 문자열 안에 꺼넣어도 상관이 없다(예:`*sample`, `pict?data` 등).

와일드카드는 잘 사용하면 아주 편리하므로 기억해 두기 바란다.

주요 와일드카드

| 기호 | 기능 | 표기 예 | 의미 |
|---|---|---|---|
| `[ ]` | [ ] 안의 임의 1 문자 | `[dog]` | d, o, g라는 세 개의 문자 |
|  |  | `[a-z]` | a부터 z까지의 모든 알파벳 |
| `[^]`<br>`[!]` | [ ] 안의 문자열 이외의<br>임의의 1 문자 | `[^dog]`<br>`[!dog]` | d, o, g 이외의 문자 |
| `{ }` | { } 안에 지정된 각각의<br>문자열 | `{dog,rat}` | dog, rat이라는 두 개의 문자열 |

# 3

## 에디터 능숙하게 다루기

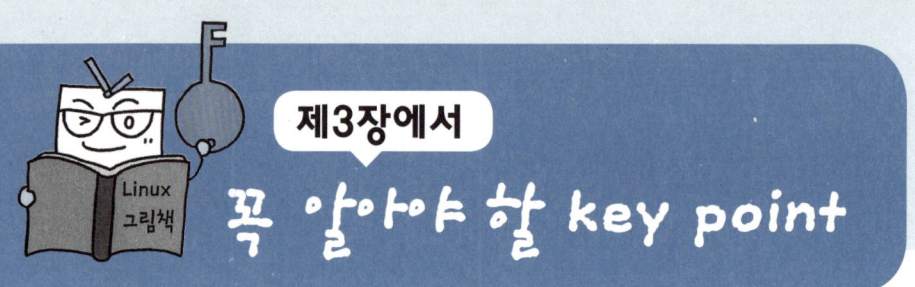

## 텍스트 에디터란

이 장에서는 Linux를 사용할 때 빼놓을 수 없는 **텍스트 에디터**에 대해 알아본다.

텍스트 에디터(편집기)는 텍스트 파일을 편집하는 애플리케이션으로, Linux의 환경 설정 파일을 편집하기 위해 필요한 가장 중요한 애플리케이션 중 하나다. 워드프로세서와 같이 텍스트(문자)의 색상이나 크기, 레이아웃 등은 설정할 수 없다. 텍스트를 쓰거나 지우는 것이 목적인 간단한 애플리케이션이다.

Linux에서는 주요한 설정을 텍스트 파일에 기록한다. 때문에 CUI 환경에서는 텍스트 에디터가 없으면 환경 설정을 바꿀 수 없다. 텍스트 에디터가 시스템 관리의 생명이라고 해도 과언이 아니다.

# vi에 대하여

다양한 Linux 환경 중에서 vi(Visual editor)라는 텍스트 에디터는 어떤 환경에서도 거의 공통적으로 사용할 수 있다.

단, Linux나 비상용 UNIX에서는 일반적으로 오리지널 버전이 아닌 기능을 확장한 **클론 버전**이라 불리는 유사 애플리케이션이 준비되어 있다.

이 책에서는 주로 CentOS에 준비되어 있는 **Vim**이라는 vi 클론 버전을 사용한다. 클론은 이 외에 nvis나 elvis 등이 알려져 있는데, 모두 상당히 독자적인 기능을 제외하면 통틀어서 vi라고 부른다. 더불어 이 책에서는 영어 환경을 사용하는 것을 전제로 한다.

# 텍스트 에디터

먼저 텍스트 에디터란 무엇인지 살펴보자.

## 🔓 텍스트 에디터의 역할

**텍스트 에디터**란 텍스트 파일을 편집하기 위한 애플리케이션이다. Linux에서는 주요 설정을 텍스트 파일로 저장하기 때문에 어떤 환경에서도 최소한 텍스트 에디터만은 사용할 수 있게 되어 있다.

환경 설정은 텍스트 파일에 저장합니다.

Windows와 같은 GUI 환경에서는 제어판으로 대표되는 설정 도구를 사용해 간단하게 설정할 수 있다. 하지만 CUI 환경에서는 텍스트 에디터를 사용해 파일을 편집해야 한다.

## vi

vi는 Linux에서 가장 일반적으로 사용되는 텍스트 에디터로, 대부분의 환경에서 처음부터 이용할 수 있게 되어 있다. Emacs 등의 고기능 에디터에 비해 vi는 특히 간단하고 배우기 쉬운 것이 특징이다.

## Vim

이 책에서 소개하는 vi는 정확히는 **Vim**이라고 해서 vi의 클론(유사 애플리케이션)이며, 대부분의 vi 기능을 사용할 수 있다. 원래는 모방(Vi IMitation)의 약자였지만 여러 차례 개선을 거치면서 지금은 개선(Vi IMproved)의 약자로 해석하고 있다.

이후 이 책에서 vi라고 부르는 경우는 Vim과 같은 클론 버전을 포함한 vi군 에디터의 총칭으로 생각하기 바란다.

# vi 실행과 종료

vi의 실행 방법과 종료 방법을 소개한다.

##  vi의 실행

vi를 실행하려면 다음과 같이 **vi** 명령을 사용한다.

```
vi
```

Vim 실행 화면입니다.

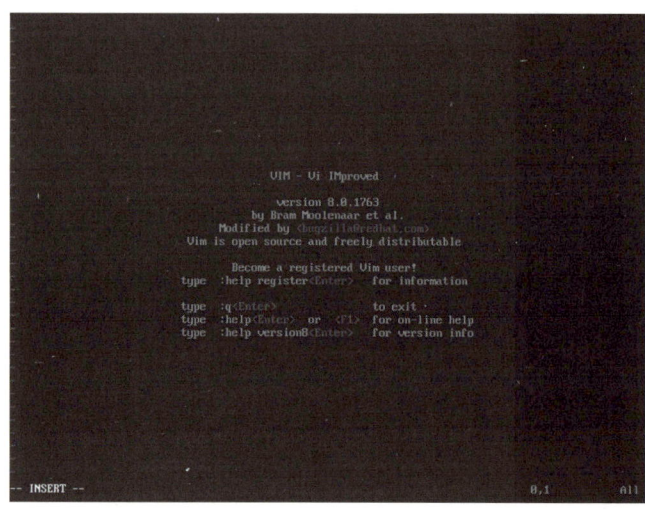

다음과 같이 파일명을 지정하여 실행할 수도 있다. 기존에 있는 파일명을 지정하면 그 파일을 열고, 새로운 파일명을 지정하면 그 이름의 파일을 새로 만들 수 있다. 지정하지 않으면 파일명이 미정인 신규 파일이 열린다.

```
vi sample1.txt
```
　　　└─ 파일명

## vi의 종료

vi를 종료하려면 [ESC] 키를 눌러 명령 모드(44쪽 참조)로 전환한다.

위의 그림 상태에서 ':**q!**'이라고 입력하면 파일을 저장하지 않고 vi를 종료된다.

# vi 모드 변경

vi에서는 '무엇을 할 것인가'에 따라 모드를 변경해야 한다.

##  모드에 대해

vi에는 실행하는 작업에 따라 세 가지 모드가 준비되어 있다. 우선은 각각의 모드 위치에 대해서 배워보자. vi 명령은 소문자인지 대문자인지에 따라 동작이 다르므로 주의해야 한다.

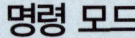

### 명령 모드

vi가 명령을 대기하고 있는 상태이다. 실행 직후에는 이 모드가 된다. 입력한 내용은 모두 명령으로 해석되므로 주의가 필요하다. 복사나 붙여넣기 등의 편집 작업을 할 수 있다.

실행 →

작업에 따라 바른 모드로 전환하는 것을 잊지 않도록!

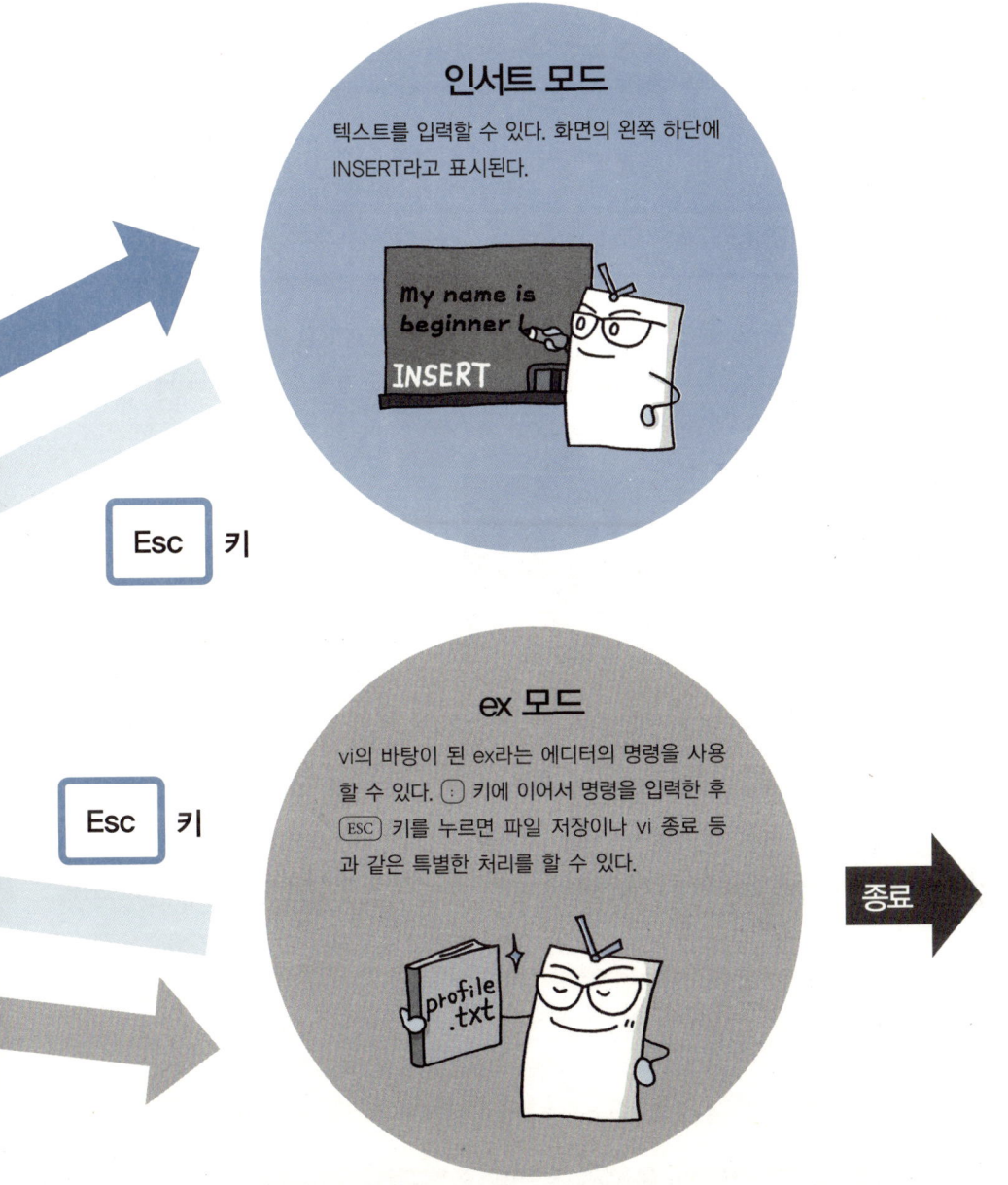

### 인서트 모드

텍스트를 입력할 수 있다. 화면의 왼쪽 하단에 INSERT라고 표시된다.

Esc 키

### ex 모드

vi의 바탕이 된 ex라는 에디터의 명령을 사용할 수 있다. : 키에 이어서 명령을 입력한 후 ESC 키를 누르면 파일 저장이나 vi 종료 등과 같은 특별한 처리를 할 수 있다.

Esc 키

종료

## 🔒 곤란할 때는 Esc

vi를 사용하다가 자신이 어떤 모드에 있는지 알 수 없거나 편집 작업 등으로 혼란스러운 경우에는 ESC 키를 누른다. 대부분의 경우는 명령 모드로 돌아갈 수 있으므로 거기서 다시 작업을 진행하자.

# vi 기본 조작(1)

파일을 편집해 보자. 먼저 기본 조작에 대해 알아본다.

##  파일 편집의 첫걸음

vi를 실행하면 새로운 행의 왼쪽 끝에 커서가 표시된다. 신규 작성 파일의 경우는 화면 왼쪽 상단(첫째 행 첫 문자), 기존 파일의 경우는 마지막 행의 다음 행 왼쪽 끝에 표시된다.

새로운 파일인지 아닌지에 따라 첫머리의 위치가 바뀝니다.

커서 위치를 확인했으면 인서트 모드로 변경한다. 앞 페이지에서는 ⓘ 키 사용 방법을 소개했는데, 인서트 모드로 전환하기 위한 키는 이외에도 더 있다. 주요 키는 다음과 같다.

| 키 | 모드 변경 후의 상태 |
|---|---|
| i | 커서 앞(왼쪽에서부터) 문자를 입력할 수 있다. |
| I | 커서가 있는 행의 맨 앞에 문자를 입력할 수 있다. |
| a | 커서 다음(오른쪽)부터 문자를 입력할 수 있다. |
| A | 커서가 있는 행의 끝에서 문자를 입력할 수 있다. |
| o | 커서 한 줄 아래에 행을 삽입하고 그곳에 문자를 입력할 수 있다. |
| O | 커서 한 줄 위에 행을 삽입하고 그곳에 문자를 입력할 수 있다. |

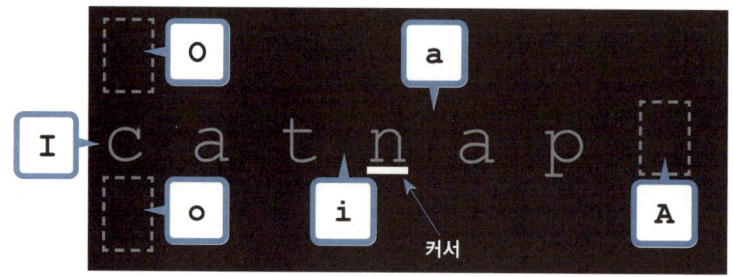

## 커서의 이동

커서는 화살표 키 (↑→↓←)로 상하좌우 이동한다. 명령 모드에서는 알파벳의 k j h l(엘)로도 이동할 수 있다.

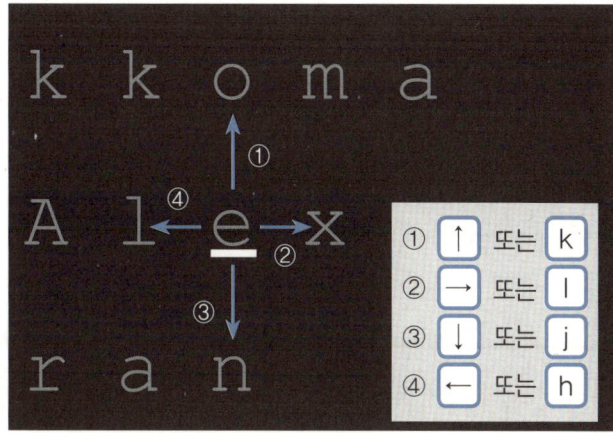

행의 맨 앞으로 이동하려면 ^, 행의 맨 끝으로 이용하려면 $, 파일 마지막 행의 맨 앞으로 이동하려면 G를 입력한다.

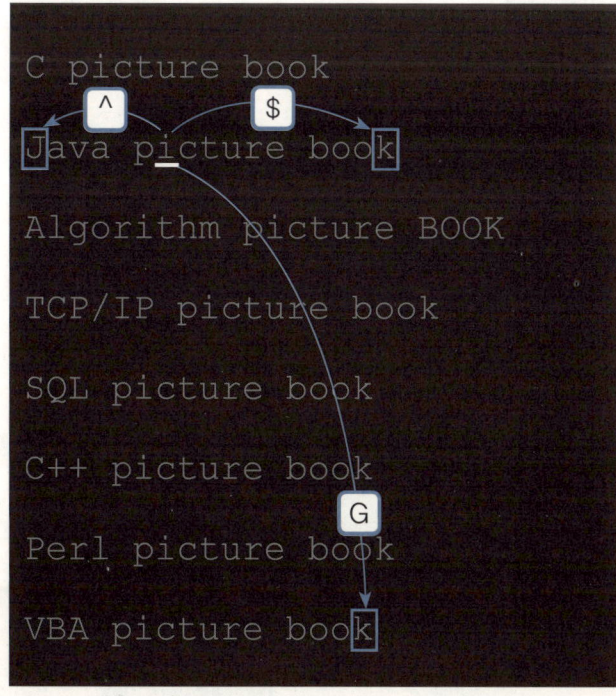

# vi 기본 조작(2)

삭제(잘라내기), 복사, 붙여넣기 방법에 대해 알아본다.

##  1문자를 삭제(잘라내기)

한 문자를 삭제(잘라내기)하려면 다음과 같은 몇 가지 방법을 이용할 수 있다.

### ≫ 명령을 사용하지 않는 방법

명령을 사용하지 않고 [Delete] 키나 [BackSpace] 키를 사용해 삭제하는 방법이다.

| 키 | 사용 가능 모드 | 기능 | 커서 이동 방향 |
|---|---|---|---|
| Delete | 삽입 모드<br>명령 모드 | 커서가 있는 문자를 한 문자 삭제 | 이동하지 않는다 |
| BackSpace | 삽입 모드 | 커서의 왼쪽 문자를 한 문자 삭제 | 왼쪽으로 이동한다 |

beginner → Delete → beginer
beginner → BackSpace → begnner
커서

### ≫ 명령을 사용하는 방법

다음 명령을 사용하면 1문자씩 삭제할 수 있다.

| 명령 | 기능 |
|---|---|
| x | 커서가 있는 문자를 삭제 |
| X | 커서의 왼쪽 문자를 삭제 |
| J | 커서가 있는 행의 개행 문자를 삭제 |

> 명령 모드로 하는 것을 잊지 않도록!

beginner → x → beginer
beginner → X → begnner

cat
dog → J → cat dog ← 반각 스페이스를 준다.

##  행 단위의 삭제(잘라내기)

명령 모드로 하고, 삭제(잘라내기)하고 싶은 행에 커서를 이동한 다음 'dd'라고 입력한다.

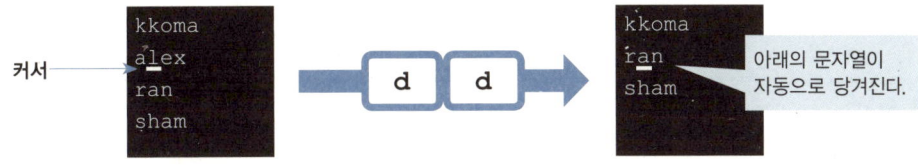

##  복사

복사하고 싶은 행에 커서를 이동시키고 'yy'라고 입력한다.

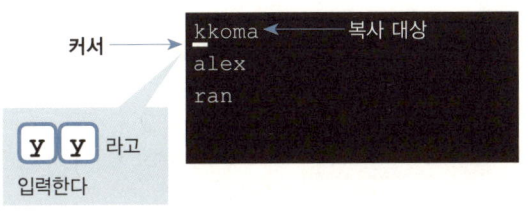

커서가 어디에 있든지 행 전체를 복사합니다.

## 붙여넣기

커서가 있는 문자 뒤에 붙여넣는 경우는 'p'를 입력한다. 또 커서가 있는 문자 앞에 붙여넣는 경우는 'P'를 입력한다.

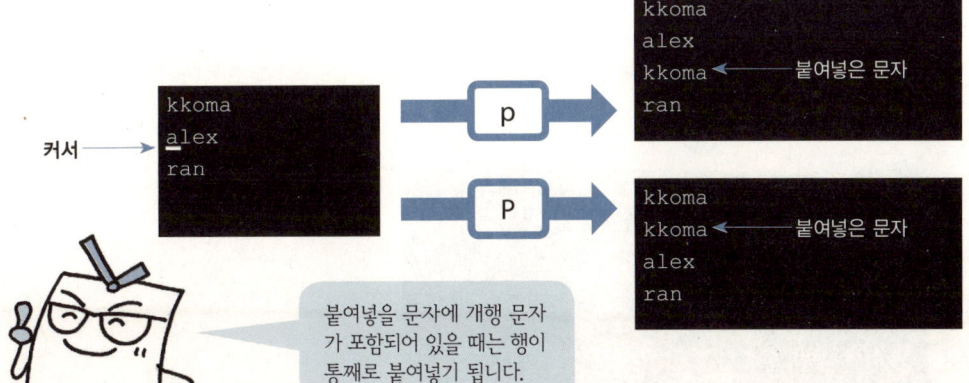

붙여넣을 문자에 개행 문자가 포함되어 있을 때는 행이 통째로 붙여넣기 됩니다.

# 찾기와 바꾸기

찾기와 바꾸기에 대해 살펴보자. 둘 다 ex 모드로 실행한다.

##  찾기

커서가 있는 위치에서 뒤쪽으로 검색하는 경우는 '/'를, 앞쪽으로 검색하는 경우는 '?'를 사용한다.

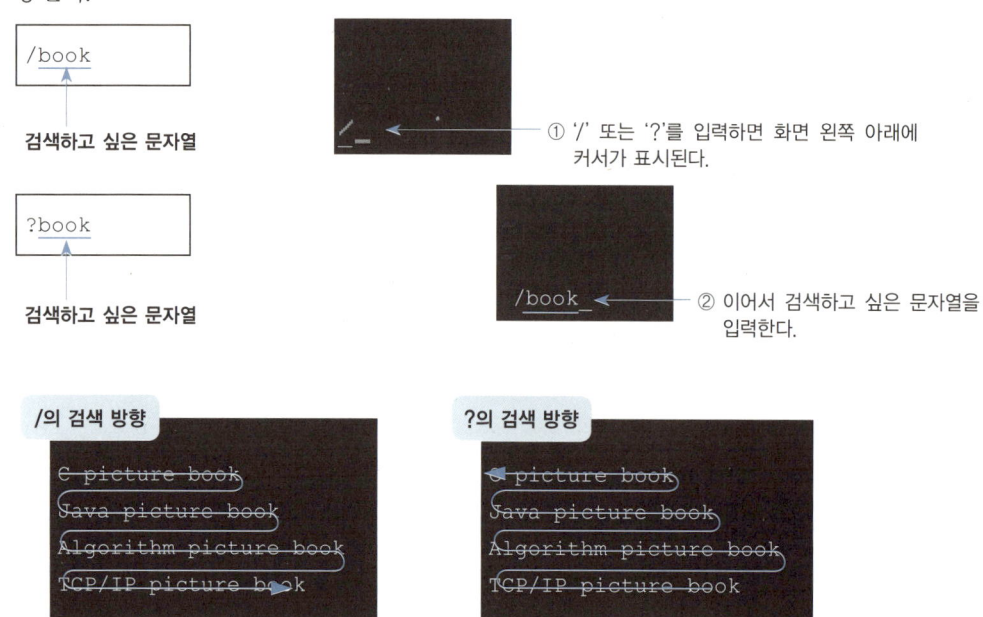

보통 찾기 명령은 한 번 실행하면 가장 먼저 찾은 키워드에서 멈춘다. 계속해서 검색하고 싶은 경우는 'n'이나 'N'을 입력한다. n은 이전 찾기와 같은 방향으로 검색하고, N은 이전 찾기와 반대 방향으로 검색한다.

# 바꾸기

바꾸기는 's'를 사용해서 실행한다. 파일 안의 모든 문자열을 일괄적으로 바꾸려면 's' 앞에 '%'를 붙여 다음과 같이 실행한다.

':'의 뒤에 스페이스는 필요 없다.

:%s/book/note/g

바꾸기 전 문자열
바꾸기 후 문자열
바꾸기 방법
g ⋯ 일괄적으로 바꾸기
g ⋯ 한 건씩 확인하면서 바꾸기

검색 범위
% ⋯ 파일 전체
, ⋯ 행을 지정(1,5⋯1행부터 5행째)

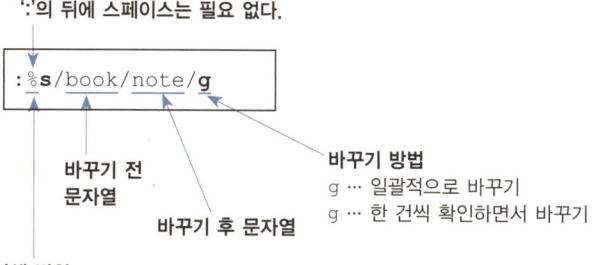

일괄

다음과 같이 하면 커서가 있는 행의 맨 앞부터 검색하여 첫 번째로 찾은 검색 문자열을 한 건만 바꾼다. 그 외에도 바꿀 후보가 있는 경우는 반전(강조) 표시한다.

:s/book/note/

검색(바꾸기 전) 문자열
바꾸기 후 문자열

반전 표시를 지우려면 ':noh'라고 입력합니다.

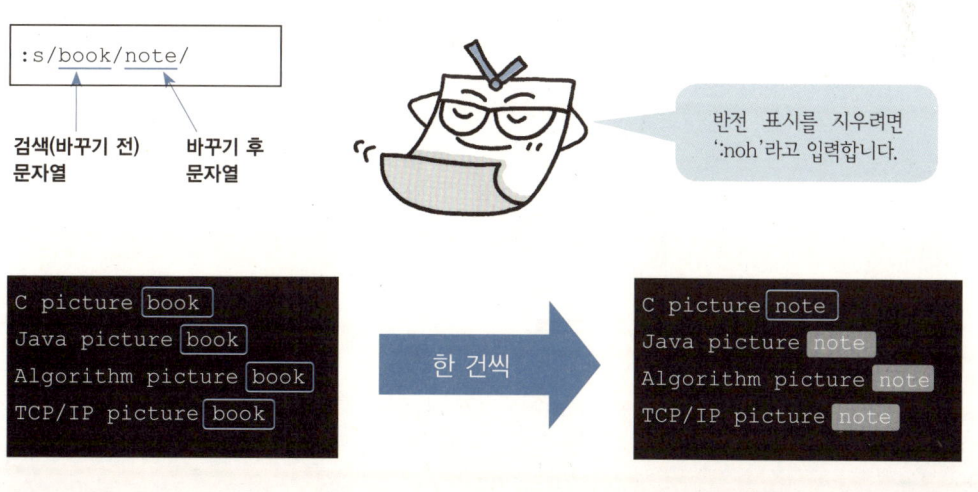

한 건씩

찾기와 바꾸기

# 저장과 종료

파일을 저장하고 종료하자. 여기서는 ex 모드로 저장하고 종료하는 방법을 알아본다.

 ## 저장과 종료

ex 모드에서 저장하거나 종료하려면 주로 다음과 같은 명령을 사용한다. 각 저장과 종료만 수행하는 명령과 저장과 종료를 함께 수행하는 명령이 있다.

| 명령 | 기능 |
| --- | --- |
| :w | 저장 |
| :w 파일명 | 다른 이름으로 저장 |
| :w! | 강제로 저장 |
| :q | 파일을 저장하지 않고 종료 |
| :q! | 파일을 저장하지 않고 강제 종료 |
| :wq | 파일을 저장하고 종료 |
| :wq! | 파일을 강제로 저장하고 종료 |

저장 명령만으로는 종료되지 않습니다.

## Vim에서 실수로 강제 종료되었다면…

Vim은 편집 중인 데이터를 일시적으로 .swp라는 확장자를 가진 파일에 저장한다. 조작 실수 등으로 Vim을 바르게 종료하지 못한 경우에도 .swp 파일은 삭제되지 않고 남아서, 다음에 같은 이름의 파일을 열 때 .swp 파일을 어떻게 할지 물어본다.

```
E325: ATTENTION
Found a swap file by the name ".sample1.txt.swp"
          owned by: shiori    dated: Tue Nov  5 18:32:58 2019
         file name: ~shiori/sample1.txt
          modified: YES
         user name: shiori    host name: localhost.localdomain
        process ID: 7879
While opening file "sample1.txt"

(1) Another program may be editing the same file.  If this is the case,
    be careful not to end up with two different instances of the same
    file when making changes.  Quit, or continue with caution.
(2) An edit session for this file crashed.
    If this is the case, use ":recover" or "vim -r sample1.txt"
    to recover the changes (see ":help recovery").
    If you did this already, delete the swap file ".sample1.txt.swp"
    to avoid this message.

Swap file ".sample1.txt.swp" already exists!
[O]pen Read-Only, (E)dit anyway, (R)ecover, (D)elete it, (Q)uit, (A)bort:
```

.swp 파일의 내용을 복구하고 싶으면 **R**(Recover: 회복)이나 **E**(Edit anyway: 강제 편집)를 입력한다. 필요 없다면 **Q**(Quit: 종료)나 **A**(Abort: 중단)를 입력해 vi를 종료한다. 불필요한 .swp 파일은 rm 명령으로 삭제해도 된다.

.swp 파일은 find 명령 등을 사용해서 찾습니다.

# COLUMN

## vi 이외의 에이터

vi 이외에도 자주 사용되는 에디터로 **Emacs**가 있다. 최근에는 Linux에서도 자주 사용되고 있다. 초기 상태로 사용할 수 없는 디스트리뷰션도 있지만 vi보다 고기능인 Emacs를 즐겨 사용하는 사람도 적지 않다.

Emacs는 LISP라는 언어를 사용해 Emacs 자체의 기능을 프로그래밍할 수 있다. 또한 단축 키를 사용할 수 있고 모드 변경도 필요 없기 때문에 vi보다 사용하기 쉽다. 반면 복잡해서 기능을 제대로 다루기가 쉽지 않다, 적응하기 힘들다는 의견도 있어 vi 사용자와 Emacs 사용자가 자연스럽게 나뉘게 되었다.

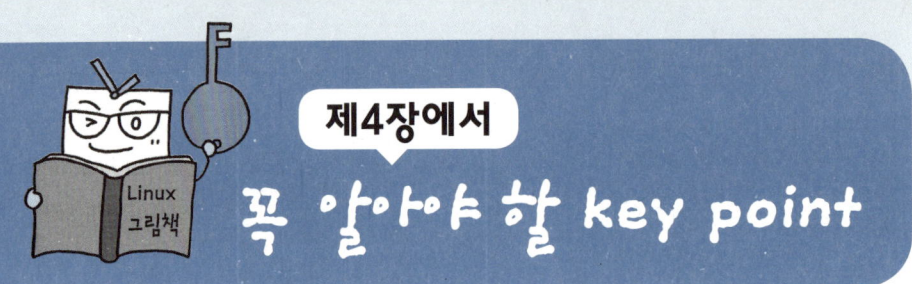

## 제4장에서 꼭 알아야 할 key point

### 더욱 깊은 Linux의 세계로

제3장까지는 말하자면 기본편이다. 지금까지 배운 내용만으로도 Linux 환경을 조작할 수는 있지만 좀 더 능숙하게 사용하려면 아직 배워야 할 것들이 많다.

지금부터는 더 깊은 Linux 세계로 나아가기 위한 노하우와 명령을 소개한다.

컴퓨터 세계에는 데이터의 입력과 출력이라는 흐름이 있다. 그중에서도 일반적인 것이 키보드로 '입력'하고 디스플레이에 그 내용을 '출력(표시)'하는 것이다. 가장 기본적인 입출력 방법이라는 점에서 키보드로부터 입력하는 것을 **표준 입력**, 디스플레이에 표시하는 것을 **표준 출력**이라고 한다.

예를 들어 대부분의 명령은 아무것도 지정하지 않아도 실행 결과를 디스플레이에 나타낸다. 이것은 표준 출력으로 디스플레이를 사용하게끔 미리 설정되어 있기 때문이다. 명령을 입력할 때 입출력 수단을 지정할 수도 있다.

명령을 사용하는 데 있어서 '무엇으로 입력해서 무엇으로 출력할지'는 매우 중요하다. 이 장에서는 표준 입력이나 표준 출력 그리고 그것들과 깊게 관계되어 있는 리다이렉트(redirect)와 파이프(pipe)라는 기능에 대해서도 알아본다.

# '조작하다'에서 '만들다'로

여러 사용자가 동시에 이용하는 것을 전제로 하고 있는 Linux에서는 파일 하나라도 '누가 어떻게 이용할 수 있는지'까지 확실하게 관리할 필요가 있다. 예를 들어 시스템 설정 파일을 누구나 자유롭게 수정할 수 있다면 큰일이기 때문이다. 그래서 **권한**(permission)이라는 장치에 의해 파일을 이용할 수 있는 사용자를 제한하고 있다.

지금까지는 '하나의 명령을 실행하여 그 결과를 얻는' 조작을 배웠다. 한 번에 하나밖에 명령할 수 없기 때문에 복잡한 조작은 할 수 없다. 그래서 몇 가지 명령을 한꺼번에 실행하는 장치가 준비되어 있다. 이것을 **쉘 스크립트**(shell script)라고 한다.

쉘 스크립트란 하나 이상의 명령을 모아 놓은 텍스트 파일이다. 미리 실행 순서를 적어두면 한 번의 명령으로 여러 동작을 실행할 수 있다. 자주 하는 작업은 쉘 스크립트로 만들어 두면 긴 절차를 반복하는 수고를 덜 수 있다. 조건 분기 등 복잡한 처리도 가능하지만 이 책에서는 기본적인 작성 방법에 대해 알아본다.

이 장의 마지막에는 Linux를 이해하는 데 중요한 키워드 중 하나인 **프로세스**에 대해 소개한다. 프로세스란 프로그램 처리에 필요한 작업의 한 단위이다. Linux는 여러 프로세스를 동시에 관리함으로써 **멀티 태스크**(multi task)라 불리는 시스템을 실현하고 있다. 프로세스 관리는 시스템을 관리하는 데 중요한 작업이다.

처음에 말한 대로 지금부터는 한 차원 높은 주제를 다룬다. 생소한 단어도 많이 나오겠지만 천천히 읽어 나가자.

# 표준 입력과 표준 출력

입력과 출력에 대해 알아보자.

## 입력과 출력

컴퓨터에 데이터를 주는 것을 **입력**이라 하고 컴퓨터가 처리한 결과를 내놓은 것을 **출력**이라고 한다.

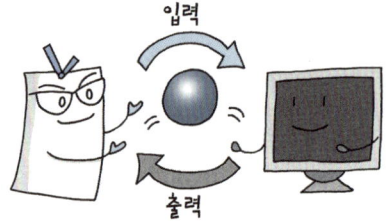

명령에 대해 부여하는 데이터를 입력, 얻을 수 있는 결과를 출력이라고도 한다.

## 표준 입력, 표준 출력이란

일반적으로 사용되는 입력 방법을 **표준 입력**, 출력 방법을 **표준 출력**이라고 한다. 일반적으로 표준 입력 장치는 키보드, 표준 출력 장치는 디스플레이가 된다.

키보드와 디스플레이는 최소한의 입출력 세트입니다.

> **참고**
> cat이나 grep과 같이 참조할 장소(파일명 등)를 지정하는 명령에서는 지정을 생략하면 표준 입력(키보드)으로부터 입력을 대기해야 하는 경우가 많다(32쪽 참조).

## 표준 오류 출력

문제가 발생하여 오류 표시(출력)를 해야 할 필요가 있을 때 사용하는 **표준 오류 출력**이라는 것도 있다. 일반적으로 표준 오류 출력은 디스플레이가 된다.

지금까지 소개한 것은 모두 상대방을 변경할 수 있다(60쪽 참조).
표준 오류 출력의 경우 확실하게 오류를 확인하려면 디스플레이에 설정해 두는 것이 무난하지만 파일에 기록(출력)하는 방법도 있다.

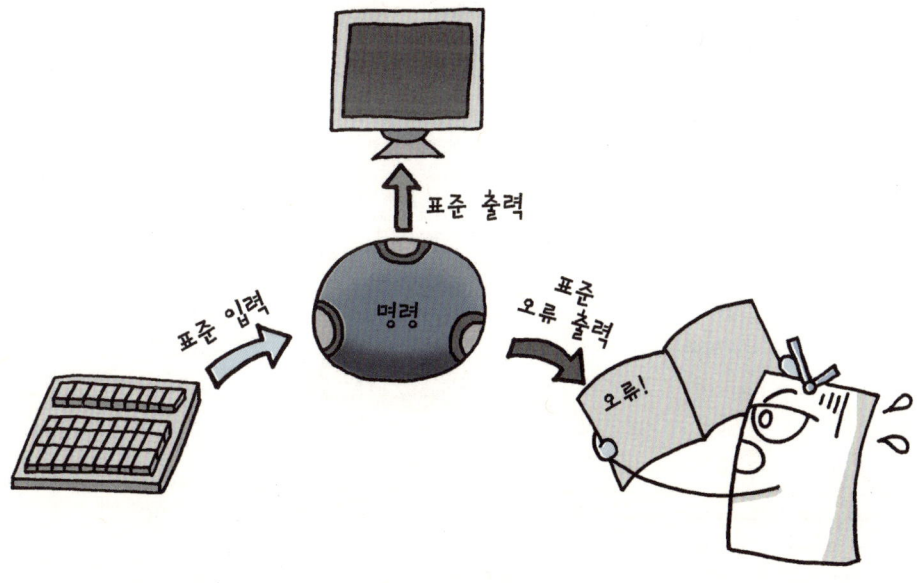

# 리다이렉트

표준 입출력의 입출력 대상을 변경하는 리다이렉트라는 기능을 소개한다.

##  리다이렉트란

표준 입력, 표준 출력, 표준 오류 출력의 입출력 대상을 변경하는 것을 **리다이렉트**(또는 **리다이렉션**)라고 한다.

### ≫ 출력 대상의 지정

출력 대상을 지정하려면 '>'나 '>>'(오류 출력의 경우는 '2>' 또는 '2>>')를 사용한다. 다음과 같이 기술하면 명령의 실행 결과를 파일에 저장할 수 있다.

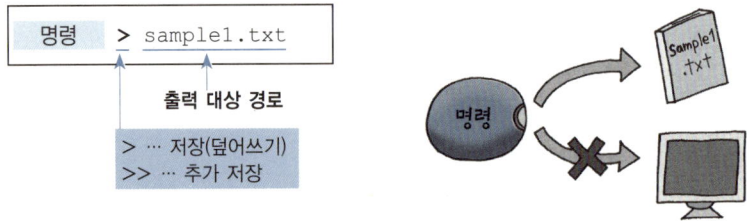

### ≫ 입력 대상의 지정

입력 대상을 지정하려면 '<'를 사용한다. 다음과 같이 기술하면 파일의 내용을 명령에 건넬 수 있다.

예를 들어 텍스트 파일을 정렬하여 그 결과를 다른 파일로 저장할 경우 다음과 같이 작성할 수 있다.

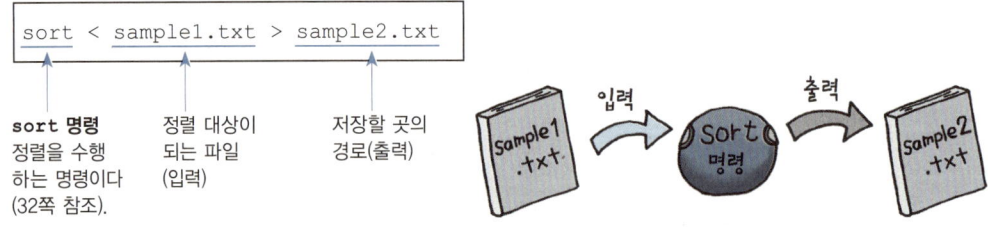

## 따라해 보자 ~디렉터리 정보의 저장~

커런트 디렉터리에 data라는 디렉터리가 있다고 가정하고, 이 디렉터리 정보를 리다이렉트를 사용해 homelist.txt라는 파일에 저장해 보자.

① 커런트 디렉터리에서 다음 명령을 실행한다.

```
ls data > homelist.txt
```

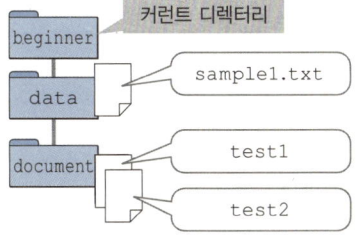

② cat 명령으로 homelist.txt 파일 내용을 확인해 보자.

```
[beginner@localhost ~]$ cat homelist.txt
document
sample1.txt
```

data 디렉터리에는 document라는 디렉터리와 sample1.txt라는 파일이 있다.

※굵은 글자가 입력한 문자이다
※환경에 따라 표시 스타일은 약간 다르다.

③ 이번에는 '>>'를 사용하여 다음 명령을 실행한다.

```
ls data/document >> homelist.txt
```

④ cat 명령으로 homelist.txt 파일의 내용을 확인하면 ①에서 입력한 내용 뒤에 새로운 document 디렉터리 내용이 추가되어 있는 것을 알 수 있다.

```
[beginner@localhost ~]$ cat homelist.txt
document
sample1.txt     }①에서 입력한 내용
test1
test2           }②에서 입력한 내용
```

※굵은 글자가 입력한 문자이다
※환경에 따라 표시 스타일은 약간 다르다.

# 파이프

여러 개의 명령을 조합하는 파이프라는 기능에 대해 알아본다.

## 파이프란

Linux로 작업하다 보면 명령에 의해 얻은 결과를 다른 명령에 넘겨주고 싶을 때가 있다. 그럴 때는 명령과 명령을 연결하는 **파이프**(또는 **파이프라인**)라는 기능을 사용하면 된다.

서로 다른 명령도 파이프로 연결할 수 있습니다.

파이프를 사용해 명령끼리 연결하려면 명령과 명령을 '|'로 연결한다.

```
ls | more
```
명령

more 명령은 출력 결과를 페이지 단위로 표시하는 명령입니다(64쪽 참조).

### ≫세 개 이상의 명령 연결하기

파이프는 명령이 세 개 이상 있어도 연결할 수 있다.

## 🔒 따라해 보자 ~디렉터리 정보의 검색~

ls 명령으로 루트 디렉터리를 조사한 결과를 파이프를 사용해 grep 명령에 전달해 보자. grep 명령에서는 전달받은 내용 중에서 sr이라는 문자를 포함한 디렉터리를 검색한다.

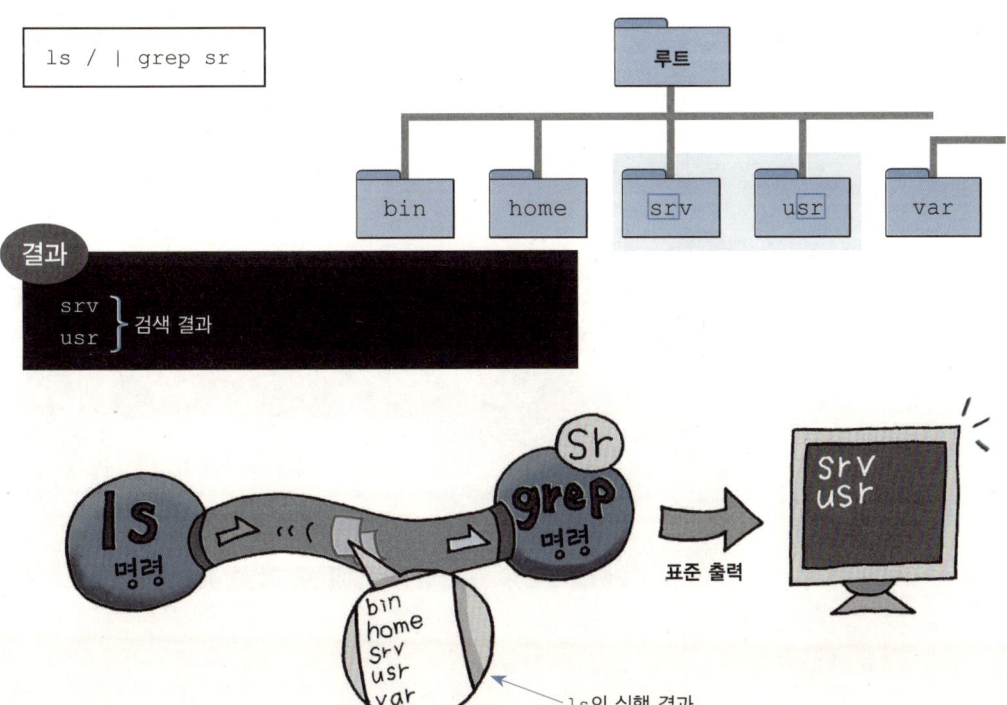

# 파일 관련 명령(1)

more 명령과 less 명령에 대해 알아본다.

##  텍스트 출력 페이징

**more** 명령과 **less** 명령은 화면(페이지)을 기준으로 출력 결과를 표시(페이징)한다. 출력 행이 많은 경우 자동으로 스크롤되는 것을 방지할 수 있다.

이러한 명령을 **페이저**라고 총칭합니다.

### ≫ more 명령

출력 결과가 화면에 다 표시되지 않은 경우 1페이지분이 표시된 후 '--More--'라고 표시되고 내부 명령어는 입력 대기 상태가 된다. 내부 명령을 입력하여 모든 결과를 다 표시하면 자동으로 종료된다.

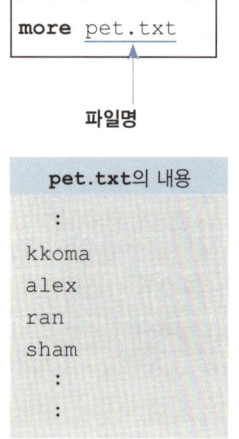

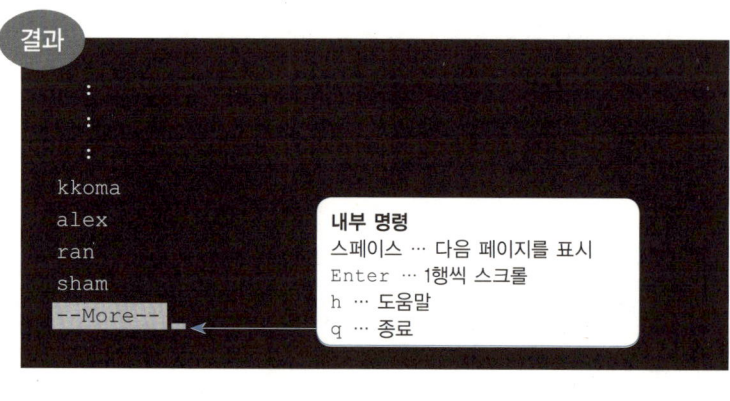

**내부 명령**
스페이스 … 다음 페이지를 표시
Enter … 1행씩 스크롤
h … 도움말
q … 종료

## ≫ less 명령

내부 명령이 more보다 강화되어 있어 간단한 검색이나 점프 이동 등이 가능하다. 끝까지 표시되어도 자동으로 종료되지 않으므로 'q'를 입력하여 종료한다.

`less pet.txt`
파일명

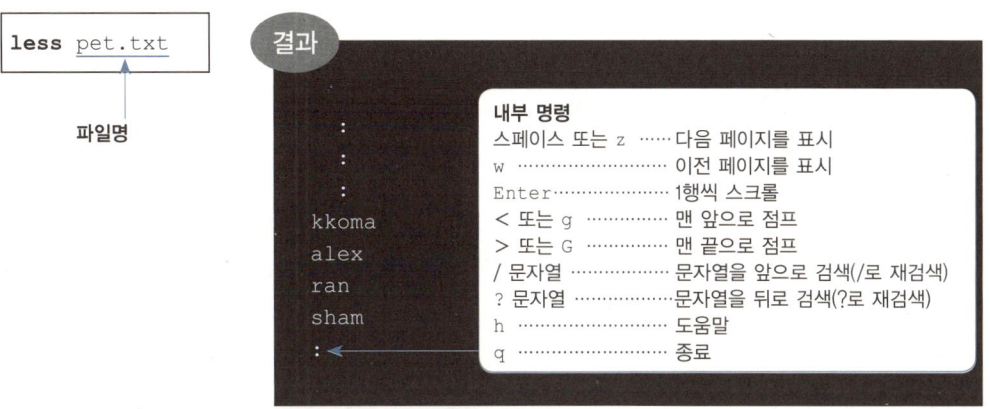

```
내부 명령
스페이스 또는 z ····· 다음 페이지를 표시
w ························· 이전 페이지를 표시
Enter ··················· 1행씩 스크롤
< 또는 g ············ 맨 앞으로 점프
> 또는 G ············ 맨 끝으로 점프
/ 문자열 ·············· 문자열을 앞으로 검색(/로 재검색)
? 문자열 ·············· 문자열을 뒤로 검색(?로 재검색)
h ·························· 도움말
q ·························· 종료
```

표시 결과가 많을 경우에는 `less` 명령을 파이프하면 좋다.

```
[beginner@localhost ~]$ ls -l /var/log | less
total 2552
drwxr-xr-x. 2 root     root        280 Oct 23 22:08 anaconda
drwx------. 2 root     root         23 Oct 24 10:51 audit
-rw-------. 1 root     root          0 Nov  6 03:14 boot.log
-rw-------. 1 root     root      76663 Oct 30 17:36 boot.log-20191030
-rw-------. 1 root     root      19100 Oct 31 18:28 boot.log-20191031
-rw-------. 1 root     root       9534 Nov  5 18:13 boot.log-20191105
-rw-------. 1 root     root      24070 Nov  6 03:14 boot.log-20191106
-rw-rw----. 1 root     utmp          0 Nov  5 18:13 btmp
-rw-rw----. 1 root     utmp        768 Oct 31 19:36 btmp-20191105
drwxr-xr-x. 2 chrony   chrony        6 May 11 22:39 chrony
-rw-------. 1 root     root       6076 Nov  6 05:01 cron
-rw-------. 1 root     root       9965 Oct 31 18:28 cron-20191031
drwxr-xr-x. 2 lp       sys         135 Oct 31 18:28 cups
-rw-------. 1 root     root     355327 Nov  6 05:00 dnf.librepo.log
-rw-r--r--. 1 root     root     191581 Oct 31 18:26 dnf.librepo.log-20191031
-rw-------. 1 root     root      68694 Nov  6 05:00 dnf.log
-rw-r--r--. 1 root     root      41073 Oct 31 18:26 dnf.log-20191031
-rw-------. 1 root     root       2324 Nov  6 05:00 dnf.rpm.log
:
```

# 파일 관련 명령(2)

alias/unalias 명령, ln 명령에 대해 알아본다.

##  에일리어스 작성하기

자주 사용하는 명령의 경우 몇 번이나 같은 인수나 옵션을 입력하는 것은 번거로운 일이다. **alias** 명령을 사용하면 옵션이나 인수를 포함한 명령 기술 내용 자체에 대해 별명(에일리어스)을 설정할 수 있다.

```
alias la='ls -a'
```
에일리어스 — 명령문
'(싱글 쿼테이션)으로 묶는다.

에일리어스에는 기존의 명령 이름은 사용할 수 없습니다.

예시
```
[beginner@localhost ~]$ la   ←── ls-a를 실행한 것과 같다
.   .bash_history  .bash_profile  .canna   .viminfo  diary.txt  rdrct
..  .bash_logout   .bashrc                 .gtkrc    data
```

### ≫에일리어스 목록 표시하기

인수나 옵션을 붙이지 않고 alias 명령을 실행하면 현재 이용 가능한 에일리어스를 표시할 수 있다.

```
alias
```

결과

```
alias ..='cd ..'
alias la='ls -a'
```
에일리어스  명령문

##  에일리어스 삭제하기

에일리어스를 삭제하려면 **unalias** 명령어를 사용한다.

```
unalias la
```
         └── 에일리어스

## 🔒 링크 작성하기

`ln` 명령어(Link) 명령은 파일이나 디렉터리에 대한 **링크(링크 파일)**를 만든다. 링크에는 **심볼릭 링크**와 **하드 링크** 두 종류가 있다.

```
ln -s /home/beginner/sample1.txt sample
```

- **링크의 종류**
  - -s … 심볼릭 링크
  - 없음 … 하드 링크
- **링크의 참조 대상**: 절대경로로 지정하면 링크 파일을 이동해도 사용할 수 있다.
- **링크명**

> Windows의 쇼트 컷처럼 링크 대상을 참조할 수 있습니다.

### ≫ 심볼릭 링크와 하드 링크의 차이

**심볼릭 링크** = 파일로의 참조

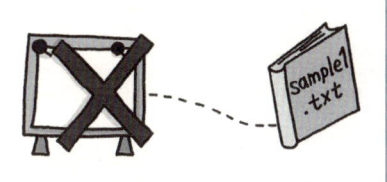
링크를 삭제해도 원래의 파일에는 영향이 없다.

본체를 삭제하면 링크가 끊어진다.

**하드 링크** = 파일 실체로의 참조

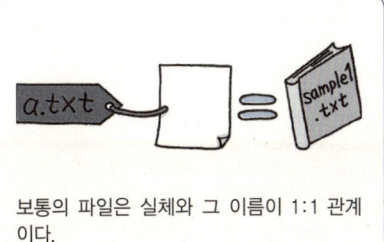
보통의 파일은 실체와 그 이름이 1:1 관계이다.

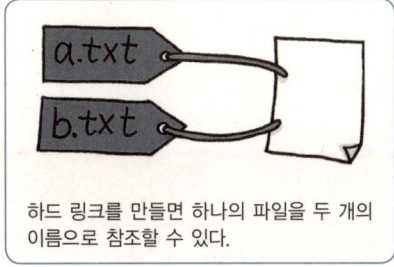
하드 링크를 만들면 하나의 파일을 두 개의 이름으로 참조할 수 있다.

# 파일 관련 명령(3)

type 명령과 stat 명령, touch 명령을 소개한다.

## 🔓 명령 종류 알아보기

명령 이름만 보면 그것이 에일리어스인지, 외부 명령인지, 내부 명령인지 구분할 수가 없다. **type** 명령을 사용하면 명령의 종류를 알 수 있다.

```
type ps
```
↑
명령 이름

**예시**

외부 명령인 경우
```
[beginner@localhost ~]$ type ps
ps is /bin/ps
```
↑         ↑
명령 이름  명령 경로

내부 명령인 경우
```
[beginner@localhost ~]$ type cd
cd is a shell builtin
```
↑              ↑
명령 이름      쉘 내장(명령)

에일리어스인 경우
```
[beginner@localhost ~]$ type la
la is aliased to `ls -a'
```
↑        ↑              ↑
명령 이름                명령문
         └─ ~의 별명임

68  제4장_한 차원 높은 Linux 사용하기

## 파일의 타임스탬프 확인/변경하기

파일에는 갱신 일시나 접속 일시가 기록되어 있는데, 이것들은 **stat** 명령으로 알 수 있다.

예시

```
[beginner@localhost ~]$ stat abc.txt
File: abc.txt
Size: 6 Blocks: 8 IO Block: 4096 regular file
Device: fd00h/64768d Inode: 13704039 Links: 1
Access: (0664/-rw-rw-r--) Uid: ( 1000/ beginner) Gid: ( 1000/
beginner)
Context: unconfined_u:object_r:user_home_t:s0
Access: 2019-11-06 11:47:03.901000000 +0900    ← 접속 일시
Modify: 2019-11-06 11:46:52.382000000 +0900    ← 변경 일시
Change: 2019-11-12 17:50:08.152000000 +0900    ← 상태가 변경된 일시
Birth: -
```

상태는 속성이 변경되면 변경된다.

**touch** 명령을 사용하면 파일의 타임스탬프를 변경할 수 있다.

```
touch -md "2020-11-12 12:00:00" abc.txt
```
　　　　└┬┘　　　　　　　　　　　　　　　　　└──┬──┘
　　　　　│　　　　　　　　　　　　　　　　　　　파일명
m으로 변경 일시를, a로 접속 일시를 변경한다.　　d로 일시를 지정한다.
둘 다 지정하지 않으면 양쪽 모두 수정한다.　　　지정하지 않으면 현재 일시가 된다.

결과

```
File: abc.txt
Size: 6 Blocks: 8 IO Block: 4096 regular file
Device: fd00h/64768d Inode: 13704039 Links: 1
Access: (0664/-rw-rw-r--)  Uid: ( 1000/  beginner) Gid: ( 1000/  beginner)
Context: unconfined_u:object_r:user_home_t:s0
Access: 2019-11-06 11:47:03.901000000 +0900
Modify: 2019-11-06 11:46:52.382000000 +0900
Change: 2019-11-12 17:50:08.152000000 +0900
Birth: -
```

파일명만 지정해서 실행하면 크기가 0인 빈 파일을 만들어진다.

```
touch d.txt
```
← 빈 d.txt가 만들어진다.

파일 관련 명령 (3)

# 메모리와 디스크 명령

free 명령, df 명령, du 명령에 대해 알아본다.

##  메모리 사용량 알아보기

`free` 명령을 사용하면 메모리 사용량을 알 수 있고 스왑(교체) 파일(메모리가 사용하지 않는 부분을 일시적으로 디스크에 옮긴 파일)의 크기도 확인할 수 있다.

```
free
```

결과

```
[[beginner@localhost ~]$ free
              total        used        free      shared  buff/cache   available
Mem:        1873124     1083704      350992        6836      438428      624988
Swap:        839676       20128      819548
```

총 용량   사용량   여유량

##  디스크의 사용량 알아보기

`df` 명령을 사용하면 디렉터리와 파일 시스템의 관계와 사용량을 알 수 있다.

```
df
```

free, df, du 명령은 디폴트로는 결과의 단위가 KB(킬로바이트)입니다. -h 옵션을 붙이면 읽기 쉬운 단위로 표시할 수 있습니다.

예시

```
[beginner@localhost ~]$ df -T
Filesystem          Type     1K-blocks      Used Available Use% Mounted on
devtmpfs            devtmpfs    921128         0    921128   0% /dev
tmpfs               tmpfs       936560         0    936560   0% /dev/shm
tmpfs               tmpfs       936560      9044    927516   1% /run
tmpfs               tmpfs       936560         0    936560   0% /sys/fs/cgroup
/dev/mapper/cl-root xfs        6486016   4059784   2426232  63% /
/dev/sda1           ext4        999320    135004    795504  15% /boot
tmpfs               tmpfs       187312         4    187308   1% /run/user/1000
```

파일 시스템과 종류   총 용량   사용량   여유 용량   지원하는 디렉터리

# 파일 및 디렉터리의 크기 알아보기

du 명령은 지정한 파일의 크기 및 디렉터리 사용량을 표시하는 명령어다.

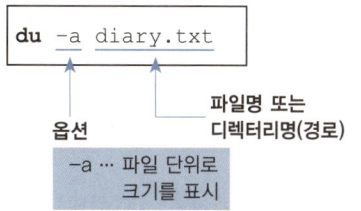

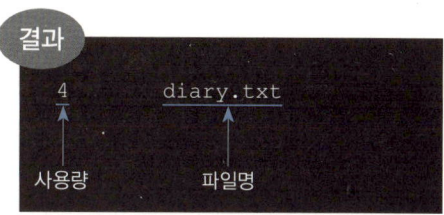

파일명(또는 디렉터리명)을 지정하지 않은 경우는 커런트 디렉터리 아래의 모든 디렉터리를 조사하여 표시한다.

```
du -a | more
```

표시 결과가 많아질 경우에는 less 명령을 파이프하는 게 좋습니다.

### 결과

```
[beginner@localhost ~]$ du -a
8       ./.viminfo
8       ./data/b
8       ./data/a
8       ./data/sample.txt
8       ./data/sample1.txt
8       ./data/sample2.txt
48      ./data
8       ./.bash_logout
4       ./diary.txt
8       ./sample.txt
12      ./.canna
8       ./test/test.cr
16      ./test
8       ./.bash_profile
8       ./cat.txt
8       ./sample1.txt
8       ./.bashrc
8       ./.gtkrc
8       ./sample2.txt
160     .
```

# 사용자 관련 명령 (1)

w 명령, who 명령, passwd 명령에 대해 알아본다.

##  사용자의 로그인 상황 확인하기

이 책의 처음에 소개했듯이 Linux는 여러 사용자가 이용하는 것을 전제로 한 OS이다. **w** 명령은 현재 로그인 중인 사용자와 그 사람이 무엇을 하고 있는지 정보를 표시한다.

```
w
```

결과

```
[beginner@localhost ~]$ w
 11:21:25 up 1 day, 15:51,  1 user,  load average: 0.00, 0.01, 0.00
USER     TTY      FROM             LOGIN@   IDLE   JCPU   PCPU WHAT
beginner tty1     -                01:52    0.00s  2.03s  0.10s w
```
↑
**사용자의 이용 상황**

비슷한 명령어로는 **who** 명령이 있다. 이것은 사용자명과 로그인 일시를 표시한다.

```
who
```

결과

```
[beginner@localhost ~]$ who
beginner   pts/1        2020-11-12 11:08 (192.168.0.2)
```

관리자가 사용자의 이용 상황을 확인하고 싶을 때 편리합니다.

## 비밀번호 변경하기

`passwd` 명령은 사용자 계정의 비밀번호에 관한 설정을 변경하는 명령이다. 일반 사용자는 자신의 사용자 계정만 조작할 수 있다.

```
passwd
```

> 보안을 지키기 위해 비밀번호는 설정 시에도 화면에 표시되지 않는다.

**결과**

```
Changing password for beginner
Current password: ▮          ← 현재 비밀번호를 입력
New password: ▮              ← 새 비밀번호를 입력
Retype new password: ▮       ← 다시 새 비밀번호를 입력
passwd: all authentication tokens updated successfully.
```
↑ 비밀번호 변경이 성공했음을 알리는 메시지

관리자는 모든 사용자의 비밀번호를 리셋할 수 있다. 이 경우는 다음과 같이 사용자 계정을 지정한다.

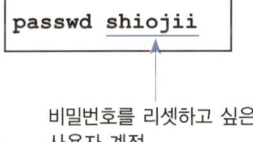

비밀번호를 리셋하고 싶은 사용자 계정

> 관리자는 특정의 사용자 계정을 비활성화하거나 비밀번호 유효기간을 바꿀 수도 있습니다.

사용자 관련 명령 (1) **73**

# 사용자 관련 명령(2)

history 명령에 대해 살펴본다. 그리고 명령 입력에 편리한 쉘의 기능에 대해서도 알아본다.

##  명령 이력 알아보기

**history** 명령을 사용하면 과거에 입력한 명령을 표시할 수 있다.

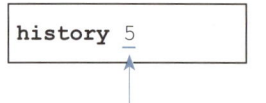

**표시 건수**(history 명령을 포함한다)를 지정하지 않으면 bash에서는 500건까지 거슬러 올라간다.

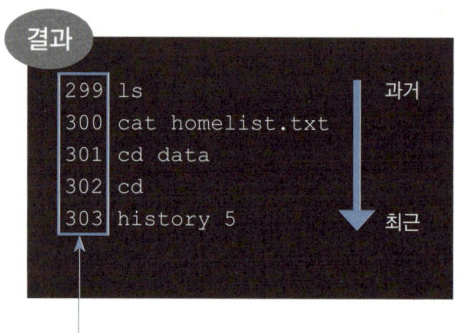

결과

```
299 ls
300 cat homelist.txt
301 cd data
302 cd
303 history 5
```

과거 → 최근

**이력번호**

'!'와 이력번호를 이어서 입력하고 Enter 키를 누르면 해당 번호에 대응하는 명령을 다시 실행할 수 있다.

```
[beginner@localhost ~]$ !299
```
이력번호 299의 ls 명령어가 다시 실행된다.

상하 화살표 키(↑↓)를 사용하여 이력을 거슬러 올라갈 수 있다. 실행하고 싶은 명령이 나오면 Enter 키를 누른다.

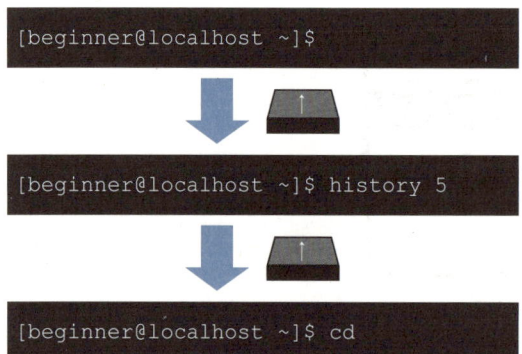

```
[beginner@localhost ~]$
         ↑
[beginner@localhost ~]$ history 5
         ↑
[beginner@localhost ~]$ cd
```

# 🔓 입력을 보완하는 기능

bash에서는 명령과 경로를 입력하는 도중에 TAB 키를 누르면 입력할 문자열의 나머지 문자를 보완해 준다.

```
[beginner@localhost ~]$ cd /home/begi
```

```
[beginner@localhost ~]$ cd /home/beginner
```
← 후보가 하나밖에 없는 경우는 자동으로 표시된다.

후보가 여러 개인 경우 TAB 키를 2회 누르면 후보 목록이 표시된다.

```
[beginner@localhost ~]$ ls /var/l
```

```
[beginner@localhost ~]$ ls /var/l
lib/  local/  lock/  log/
```
← 후보 목록

사용하는 키는 쉘에 따라 달라집니다.

# 권한 (1)

권한 설정에 대해 알아본다.

 ## 권한이란

권한이란 파일이나 디렉터리에 대해 사용자나 그룹이 가지는 권리를 말한다. **보호 모드**, **허가 속성**, **액세스 권한**이라고 한다.

### ≫ 세 가지 속성

권한에는 **읽기**, **쓰기**, **실행**(디렉터리의 이동이나 검색 등도 포함)의 세 가지 속성이 있다. 각각에 대해 가능 여부를 설정한다.

### ≫ 세 가지 사용자 범주

다음 세 가지 범주에 대해 읽기, 쓰기, 실행의 속성을 개별적으로 지정할 수 있다.

##  권한의 확인

제2장의 ls 명령에서 'ls -l'이라고 입력했을 때의 출력 결과 예를 참고하여 권한에 대해 알아본다.

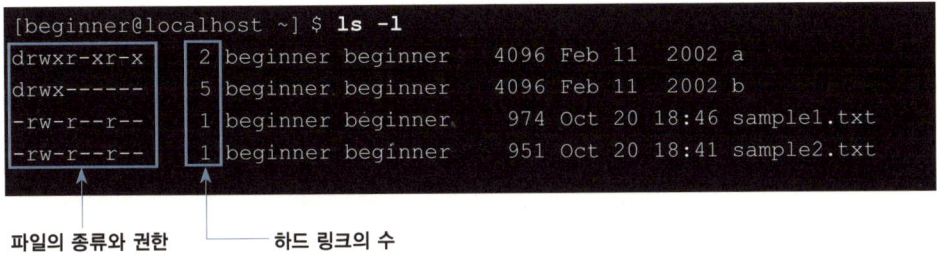

왼쪽 끝의 블록이 파일의 종류(첫 글자)와 권한(나머지 9글자)을 나타낸다. 하나를 뽑아서 좀 더 자세히 살펴보자.

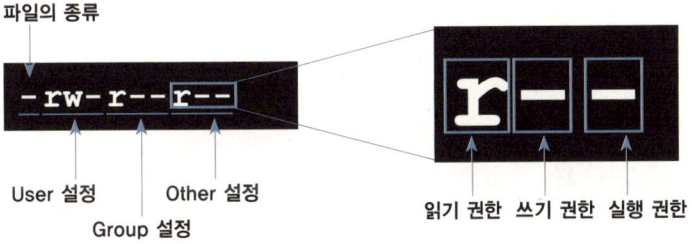

vi로 텍스트 파일을 작성하면 일반적으로는 처음부터 위와 같은 권한이 설정되어 있다. 작성한 본인(사용자)은 실행 권한이 없고 Group이나 Other에 속하는 사용자에게는 읽기 권한 밖에 없다. 각 기호의 의미는 다음과 같다.

| 파일 종류 | 의미 |
|---|---|
| - | 일반 파일 |
| d | 디렉터리 |
| l | 심볼릭 링크 |
| c | 캐릭터형 디바이스 파일※ |
| b | 블록형 디바이스 파일※ |

| 권한 | 의미 |
|---|---|
| r | 읽기 가능 (Readabie) |
| w | 쓰기 가능 (Writable) |
| x | 실행 가능 (eXecutable) |
| - | 불가능(각 항목 공통) |

※ 주변기기에 접속하기 위한 파일이며, 데이터를 다루는 방법에 따라 두 종류로 나뉜다.

# 권한 (2)

실제로 권한을 설정해 보자.

## 권한의 설정

모든 파일과 디렉터리에는 초기 상태로 권한이 설정되어 있다. **chmod** 명령을 사용하면 사용자가 독자적으로 권한을 변경할 수 있다.

```
chmod o+w sample.txt
```

설정의 종류
+ ··· 설정 추가
- ··· 설정 삭제
= ··· 설정 일괄 변경

파일명

사용자 범주
u ··· User
g ··· Group
o ··· Other
a ··· 모든 카테고리

권한의 종류

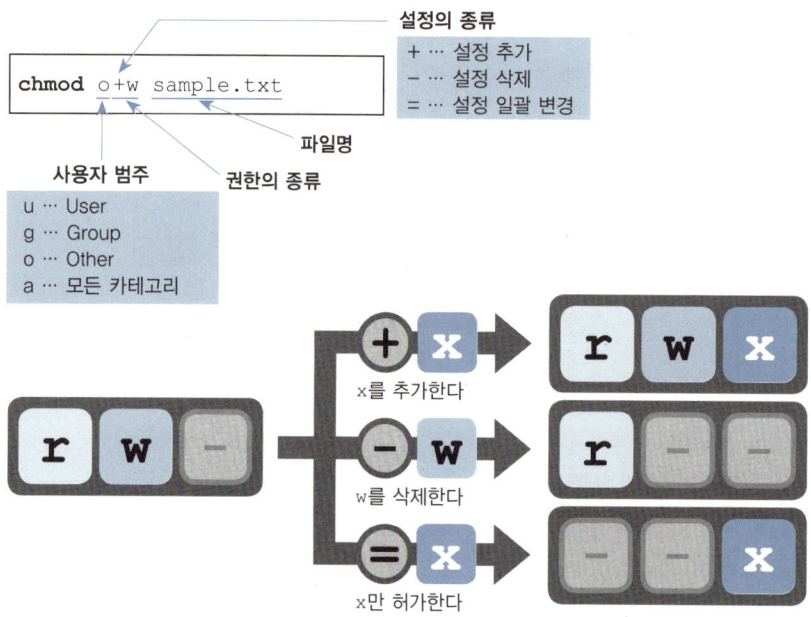

### 예제

(1) 다음 정보로부터 result.gz의 권한에 대해 설명하시오.

```
-rw-rw-r--    1 beginner beginner    756 Oct 20 18:46 result.gz
```

(2) 신규로 작성한 example.txt라는 파일에 대해 모든 사용자에게 실행 권한을 추가하시오.

해답은 오른쪽 페이지에 있습니다.

## ≫ 수치를 사용한 권한 지정

권한은 수치로 지정할 수도 있다. 각 권한을 나타내는 수치는 다음과 같다.

| 권한 | 수치 |
| --- | --- |
| r ( 읽기 허가 ) | 4 |
| w ( 쓰기 허가 ) | 2 |
| x ( 실행 허가 ) | 1 |
| - ( 허가하지 않음 ) | 0 |

예를 들어 'User는 모든 권한이 있지만 Group과 Other는 쓰기 권한이 없다'고 하면 다음과 같이 된다.

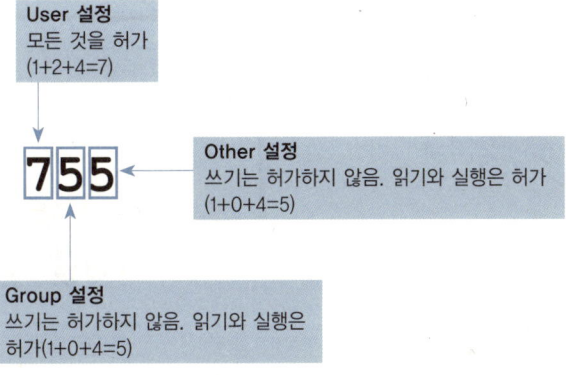

chmod 명령으로 수치를 사용해 권한을 지정하려면 다음과 같이 한다.

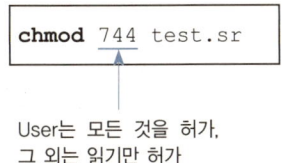

User는 모든 것을 허가.
그 외는 읽기만 허가

> **예제 해답**
> (1) User와 Group은 읽기와 쓰기를 허가, Other는 읽기만 허가
> (2) chmod a+x example.txt

# 쉘 스크립트 (1)

한 번에 많은 명령을 내리려면 쉘 스크립트를 사용한다.
여기에서는 기본 작성 방법에 대해 알아본다.

 쉘 스크립트란

쉘 스크립트란 쉘에 대한 명령(명령어)을 미리 텍스트 파일에 저장한 것이다. 여러 명령을 조합한 일련의 조작을 모아서 실행할 수 있다.

간단한 프로그램 비슷한 것을 만들 수 있습니다.

### ≫ 권한 설정

쉘 스크립트 그대로는 그냥 텍스트 파일일 뿐이다. 쉘 스크립트로 이용할 수 있게 하려면 실행 권한을 부여해야 한다. 설정은 **chmod** 명령을 사용해 다음과 같이 한다.

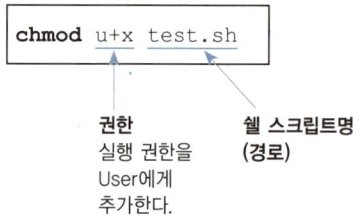

권한
실행 권한을
User에게
추가한다.

쉘 스크립트명
(경로)

## 쉘 스크립트 예시

예를 들어 쉘 스크립트는 다음과 같다.

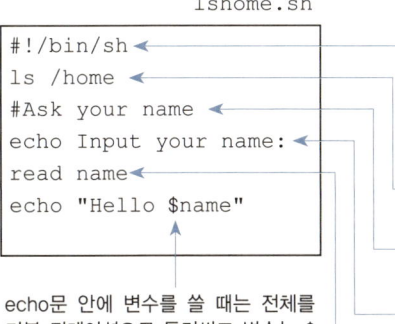

**쉘의 종별 선언**
쉘 스크립트는 쉘에 따라 만드는 방법이나 사용할 수 있는 기능이 다르다. 그래서 쉘 스크립트의 첫 줄에는 #!에 이어서 어느 쉘용인지를 표시한다.

**명령 실행**
home 디렉토리 내용을 표시한다.

**명령 행**
#에서 오른쪽은 코멘트를 나타낸다.

**echo문**
뒤에 이어지는 문자열을 콘솔 위에 표시한다.

**read문**
키보드에서 입력한 내용이 name에 들어가는데, name 같은 것을 변수라고 한다.

echo문 안에 변수를 쓸 때는 전체를 더블 쿼테이션으로 둘러싸고 변수는 $를 붙여서 나타낸다.

/bin/sh는 가장 기본적인 쉘인 sh의 경로입니다. 특별한 쉘로 하지 않는 편이 범용성은 높습니다.

쉘 스크립트 (1) **81**

# 쉘 스크립트 (2)

실제로 쉘 스크립트를 만들고 실행해 보자.

##  쉘 스크립트 파일 작성

앞 페이지의 쉘 스크립트를 예로 들어 작성 흐름을 살펴보자.

※ 굵은 글자가 입력한 문자이다.

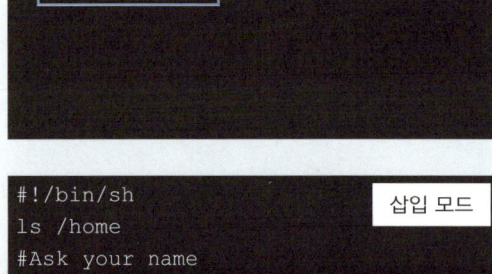

① 파일명을 lshome.sh로 하고 vi를 실행한다.

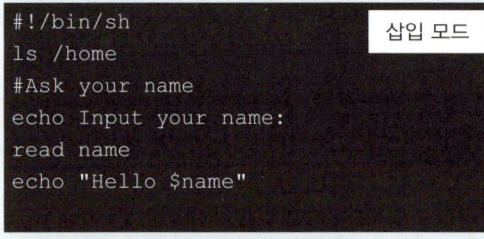

② lshome.sh 파일에 앞 페이지의 코드를 입력한다.

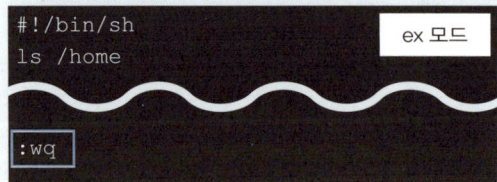

③ Esc 키를 누르고 ex 모드로 한 다음 ':wq'를 입력하고 Enter 키를 누른다. 파일이 저장되고 vi가 종료되어 명령 행으로 돌아간다.

vi 조작이 불안한 사람은 제3장을 다시 보기 바랍니다.

## 권한의 설정과 실현

권한을 설정하고 실행해 보자.

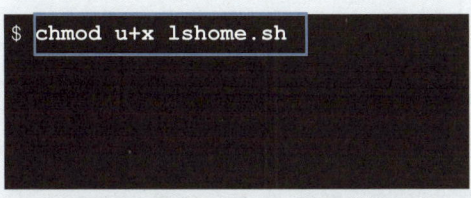

④ 명령 행에 왼쪽 코드처럼 입력하여 lshome.sh에 사용자의 실행 권한을 추가한다.

```
$ ./lshome.sh
```

⑤ 경로가 통하지 않은 명령을 실행하는 경우에는 왼쪽 코드처럼 상대경로에서 파일명을 지정해야 한다. Enter 키를 이용해 실행한다.

```
$ ./lshome.sh
books    picture   beginner   test
Input your name:
```

⑥ 먼저 home 디렉터리의 내용이 표시된다(아래와 같은 디렉터리 구성을 상정한다). 이어서 Input your name이라고 표시된다.

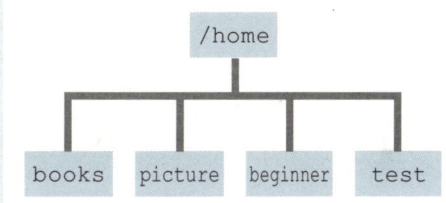

```
$ ./lshome.sh
books    picture   beginner   test
Input your name:
beginner
Hello, beginner
$
```

⑦ 이름을 입력하고 Enter 키를 누르면 맨 앞에 'Hello,'를 붙여서 값이 반환된다.

셸 스크립트에는 조건 분기나 반복 등의 구문도 있다. 관심이 있는 사람은 전문서적 등을 참고하기 바랍니다.

# 멀티 태스크와 프로세스 제어

Linux의 태스크 처리와 프로세스, 잡(jobs)의 개념에 대해 알아보자.

## Linux의 태스크 처리

Linux는 여러 **태스크**(시스템이 수행하는 작업)를 동시에 진행할 수 있는 **멀티 태스크**를 지원하는 OS이다. 이때 하나하나의 태스크를 **프로세스**라고도 하며 Linux 환경에서는 OS가 관리하는 단위로 프로세스가 사용되고 있다.

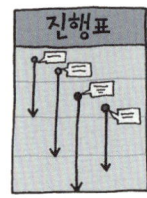 

프로세스 관리는 OS의 중요한 역할입니다.

### ≫ 잡(jobs)

파이프로 명령어끼리 연결한 경우 등 하나 이상의 명령(프로세스) 모임을 **잡**이라고 한다. 잡과 프로세스는 각각의 고유 번호를 가지고 있다.

## ps 명령

**ps**(Process Status) 명령은 현재 가동 중인 프로세스를 ID 번호를 붙여 목록으로 표시한다.

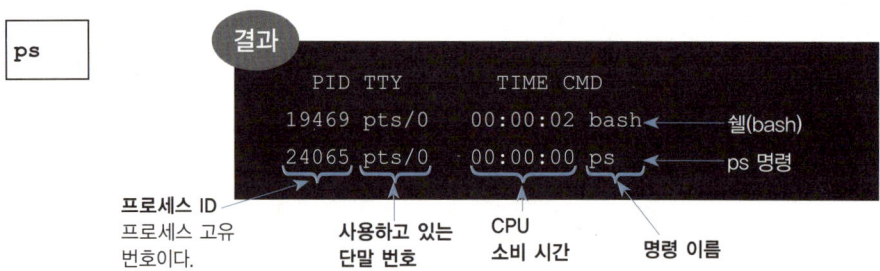

```
        PID TTY          TIME CMD
      19469 pts/0    00:00:02 bash    ← 쉘(bash)
      24065 pts/0    00:00:00 ps      ← ps 명령
```

- 프로세스 ID: 프로세스 고유 번호이다.
- 사용하고 있는 단말 번호
- CPU 소비 시간
- 명령 이름

## jobs 명령

**jobs** 명령은 현재 가동 중인 작업을 번호를 붙여 목록으로 표시한다.

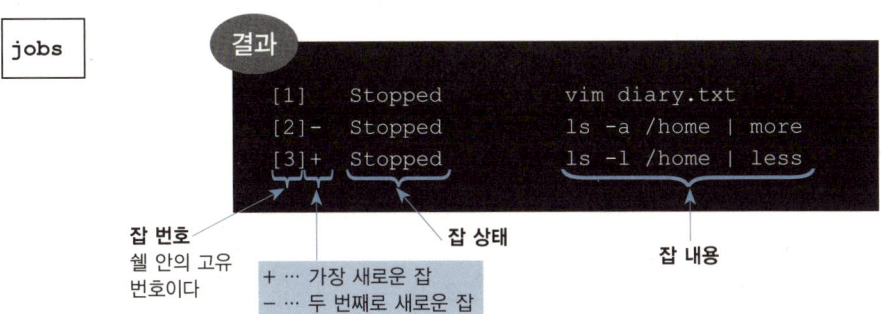

- 잡 번호: 쉘 안의 고유 번호이다
- 잡 상태
  - + … 가장 새로운 잡
  - − … 두 번째로 새로운 잡
- 잡 내용

## kill 명령어

어떤 이유로든 종료하지 못하고 남아 있는 프로세스 또는 잡을 종료하려면 **kill** 명령을 사용한다(일반 사용자는 자신이 실행한 프로세스만을 종료할 수 있다).

프로세스 ID 또는 잡 번호

> 강제 종료하고 싶을 때는 'kill -9 프로세스 ID'와 같이 기술합니다.

## 잡 중단과 재개

실행 중인 잡을 일시 중단, 재개할 수 있다. 중단하려면 Ctrl 키와 z 키를 누른다. 예를 들어 Vim에서 diary.txt를 편집하는 도중에 Ctrl 키와 z 키를 누르면 다음과 같이 표시된다.

잡 번호

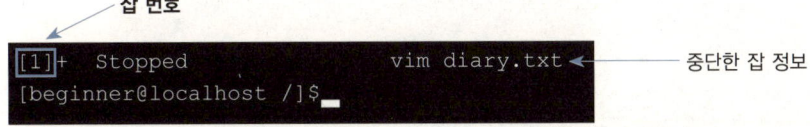

중단한 잡 정보

재개하려면 **fg**(Fore Ground) 명령으로 잡 번호를 지정하여 실행한다. 잡 번호를 지정하지 않으면 가장 새로운 잡을 재개한다.

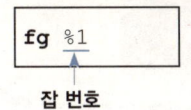

잡 번호

## COLUMN

## 온라인 매뉴얼 참조

Linux는 부록으로 매뉴얼을 제공한다. 종이로 된 두꺼운 매뉴얼이 있는 것은 아니라 Linux상에서 임의의 명령에 대해 언제든지 참조할 수 있는 온라인 매뉴얼이다.

온라인 매뉴얼을 불러내려면 man(MANual) 명령을 사용한다. man 명령어 뒤에 참조하고 싶은 명령 이름을 입력하면 된다.

```
man ls
```

초기 설정에서는 less 명령에 의한 표시가 유효하다(옵션에서 more로 바꿀 수 있다). 정보량이 많은 경우는 Space 키로 다음 페이지로 전환할 수 있다. 도중에 종료하고 싶은 경우는 'q'를 입력한다.

# 5

## 시스템 및
## 사용자 관리하기

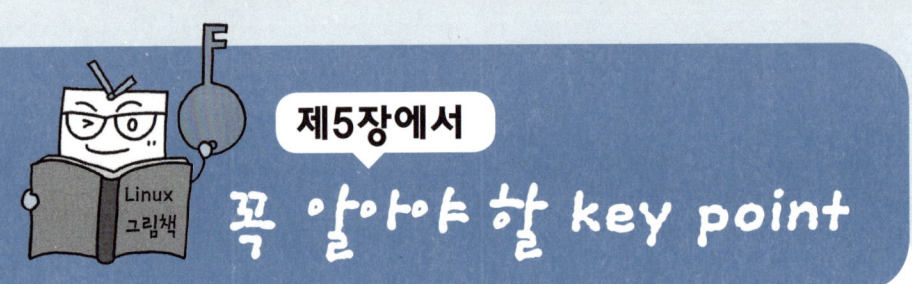

## 시스템 관리의 포인트와 사용자 관리

이 장에서는 Linux 시스템 관리의 포인트에 대해 알아본다.

원래 UNIX 환경에서는 관리자와 일반 사용자가 엄밀하게 구분되어 있기 때문에 일반 사용자가 시스템 관리와 관련된 조작을 할 기회는 거의 없다. 그러나 Linux에서는 PC나 개인용 서버 등에서 시스템을 관리할 기회가 많다. Linux의 일반 사용자와 관리자의 차이점 그리고 사용자 생성 방법과 그룹의 개념에 대해 알아본다. Windows에서도 여러 사용자에 따라 환경을 구분하거나 관리자 계정이 준비되어 있는데 Linux에서도 사용자 간에 엄밀하게 구별되어 있다.

Linux 환경 설정은 상당히 깊이가 있어 이 책에서는 '어떤 흐름으로 시스템이 성립되어 있는지, 어디를 보면 전체 이미지를 파악할 수 있는지'에 초점을 맞추어 설명하였다.

**systemd**와 **초기화 스크립트**(둘 다 Linux 부팅 시 사용되는 시스템의 일부) 등에 대해서도 개략적으로 알아본다. 덧붙여 이 책에서 소개하는 설정 파일명이나 디렉터리명 등은 CentOS 8에서 사용하고 있는 것이다. 디스트리뷰션에 따라 다를 수 있으므로 필요에 따라 바꿔 읽어 주기 바란다.

# 시스템 관리 관련 명령

이 장의 후반부에서는 시스템을 관리할 때 자주 사용하는 명령을 몇 가지 소개할 것이다. 관리자로 로그인하지 않으면 사용할 수 없는 명령도 있으므로 관리자 **계정**(root)의 비밀번호를 모르면 건너뛰어도 상관없다. 그래도 관리 관련 명령과 기능만이라도 알아두면 문제가 발생했을 때 도움이 될 것이다.

시스템 관리 관련 명령은 대부분 관리자가 아니면 사용할 수 없다. 왜냐하면 일반 사용자가 자유롭게 사용하기에는 위험의 소지가 많기 때문이다. 그러나 관리자라고 해서 함부로 시스템을 종료하거나 재시작하는 것은 바람직하지 않다. 관리자의 입장, 권리에는 안전하게 시스템을 운용해야 하는 의무도 수반된다는 점을 잊지 말아야 한다.

# 시스템 관리자

슈퍼유저(root)란 무엇인지에 대해 살펴본다.

 ## 사용자의 종류

Linux 사용자는 크게 관리자와 일반 사용자로 나뉜다. 관리자를 **슈퍼유저**라고 하며 계정명은 **root**가 된다. 새로 사용자를 만드는 경우는 일반 사용자로 등록되며 관리자와는 구별된다.

관리자를 root라 부르기도 한다.

슈퍼유저는 시스템의 모든 기능을 무제한으로 사용할 수 있다. Windows에서는 관리자 권한을 가진 계정이 여러 개 존재할 수 있는데, Linux에서는 관리자 권한을 가진 계정은 하나뿐이다.

#  사용자 전환하기

보통의 조작은 일반 사용자가 수행할 것을 권장한다. 그러나 갑자기 환경 설정을 바꿀 필요가 있을 때 root로 다시 로그인하려면 번거롭다. 그럴 때는 **su** 명령을 사용한다.

### ≫ su 명령

**su** 명령(Switch User)은 로그인 중에 다른 사용자로 전환하기 위한 명령이다. 사용자를 지정하지 않고 사용하면 root로 로그인할 수 있다.

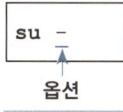

옵션

- `-` … 원래 사용자 환경을 물려받지 않는다.
- 없음 … 원래 사용자 환경을 물려받는다.

```
- 있는 경우
[beginner@localhost ~]$ su -
Password: ■■■■■■■■       ← 비밀번호를 입력한다.
[root@localhost# ~]#       ← root 로그인 시 프롬프트는 #이 된다.
                  ↑
          커런트 디렉터리는 root의 홈 디렉터리가 된다.
```

```
- 없는 경우
[beginner@localhost ~]$ su
Password: ■■■■■■■■       ← 비밀번호를 입력한다.
[root@localhost beginner]#
                   ↑
          커런트 디렉터리는 su 명령을 실행한 장소가 된다.
```

※ 원래 사용자 환경을 물려받은 경우 일부 명령을 사용할 수 없는 경우가 있다(useradd 등).

다음과 같이 기술하면 지정한 사용자로 로그인할 수 있다. 일시적으로 다른 사용자의 로그인 환경에서 작업하고 싶은 경우 등에 편리하다.

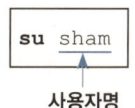

사용자명

### ≫ sudo 명령

sudo 명령을 입력하면 일시적으로 root의 권한으로 명령을 실행할 수 있다. sudo 명령을 실행하려면 wheel 그룹의 구성원이어야 한다.

시스템 관리자 **91**

# 시스템 관리에 대해서

Linux 시스템의 관리에 대해 알아본다.

## 시스템 실행 흐름

CentOS를 예로 들어 Linux 시스템이 실행하기까지의 대략적인 흐름을 살펴보겠다.

① 전원 on

② 커널 실행

③ systemd 실행

④ 각종 서비스 실행

⑤ 로그인

눈에는 보이지 않지만 여러 가지 일이 일어나고 있습니다.

## systemd

CentOs에서는 커널이 실행되면 systemd라는 시스템 환경을 설정하는 프로그램이 실행된다. systemd는 각종 서비스의 프로세스를 실행한다.

**systemd가 취급하는 서비스의 예**

- 디스플레이 매니저(GNOME, X, KDE 등)
- SSH 서비스
- FTP 서비스
- HTTP 웹 서비스

이전에는 init나 inittab이라는 구조가 사용되었지만 CentOS 7부터 Systemd로 변경되었습니다.

## ≫ 유닛에 의한 관리

systemd는 각 서비스를 유닛이라는 단위로 관리하고 있다. 따라서 프로세스가 도중에 이상 종료한 경우에도 유닛 내에서는 정합성을 유지하도록 되어 있다. 유닛에는 몇 개의 종별이 있다.

**유닛 종별의 예**

| service | 데모의 실행과 정지를 수행하는 유닛 |
| device | 디바이스의 검지를 수행하는 유닛 |
| target | 유닛을 그룹화한 것 |

유닛의 유효·무효는 systemctl 명령으로 관리한다. 파라미터를 켜지 않고 실행하면 다음과 같이 유닛의 목록을 표시한다.

```
UNIT                                                          LOAD   ACTIVE SUB       DESCRIPTION
proc-sys-fs-binfmt_misc.automount                             loaded active waiting   Arbitrary Executabl>
sys-devices-pci0000:00-0000:00:01.1-ata2-host1-target1:0-0-1:0:0:0-block-sr0.>
sys-devices-pci0000:00-0000:00:03.0-net-enp0s3.device         loaded active plugged
sys-devices-pci0000:00-0000:00:05.0-sound-card0.device        loaded active plugged
sys-devices-pci0000:00-0000:00:08.0-net-enp0s8.device         loaded active plugged
sys-devices-pci0000:00-0000:00:0d.0-ata3-host2-target2:0:0-2:0:0:0-block-sda3.>
sys-devices-pci0000:00-0000:00:0d.0-ata3-host2-target2:0:0-2:0:0:0-block-sda.>
sys-devices-pci0000:00-0000:00:0d.0-ata3-host2-target2:0:0-2:0:0:0-block-sda.>
sys-devices-platform-serial8250-tty-ttyS0.device              loaded active plugged   /sys
sys-devices-platform-serial8250-tty-ttyS1.device              loaded active plugged   /sys
sys-devices-platform-serial8250-tty-ttyS2.device              loaded active plugged   /sys
sys-devices-platform-serial8250-tty-ttyS3.device              loaded active plugged   /sys
sys-devices-virtual-block-dm\x2d0.device                      loaded active plugged   /sys/devices>
sys-devices-virtual-block-dm\x2d1.device                      loaded active plugged   /sys/devices>
sys-devices-virtual-net-virbr0.device                         loaded active plugged   /sys/devices/vi>
sys-devices-virtual-net-virbr0\x2dnic.device                  loaded active plugged   /sys/dev>
sys-module-configfs.device                                    loaded active plugged   /sys/module/configfs
sys-module-fuse.device                                        loaded active plugged   /sys/module/fuse
sys-subsystem-net-devices-enp0s3.device                       loaded active plugged   82540EM Gigab>
sys-subsystem-net-devices-enp0s8.device                       loaded active plugged   82540EM Gigab>
sys-subsystem-net-devices-virbr0.device                       loaded active plugged   /sys/subsyste>
sys-subsystem-net-devices-virbr0\x2dnic.device                loaded active plugged   /sys/s>
```

이 부분이 유닛명(device)

## 🔒 동작 모드

systemd는 default.target이라는 target 유닛의 정보를 바탕으로 프로세스를 실행하는데, 이 내용을 전환해서 다른 모드로 실행하는 것이 가능하다.

| target | 기능 |
|---|---|
| poweroff.target | 시스템 종료(셧다운) |
| rescue.target | 유지관리용 모드 |
| multi-user.target | 멀티유저 모드 |
| graphical-target | GUI를 통한 멀티유저 모드 |
| reboot.target | 시스템 재시작 |

CentOS 6까지의 런 레벨에 해당합니다.

시스템 관리에 대해서

# 네트워크 명령

네트워크와 관련된 기본적인 명령인 ifconfig, ip, nslookup을 소개한다.

##  네트워크 어댑터 정보의 확인

네트워크 어댑터에 할당된 IP 주소 등의 정보를 확인하려면 `ifconfig` 명령을 사용한다.

```
ifconfig
```

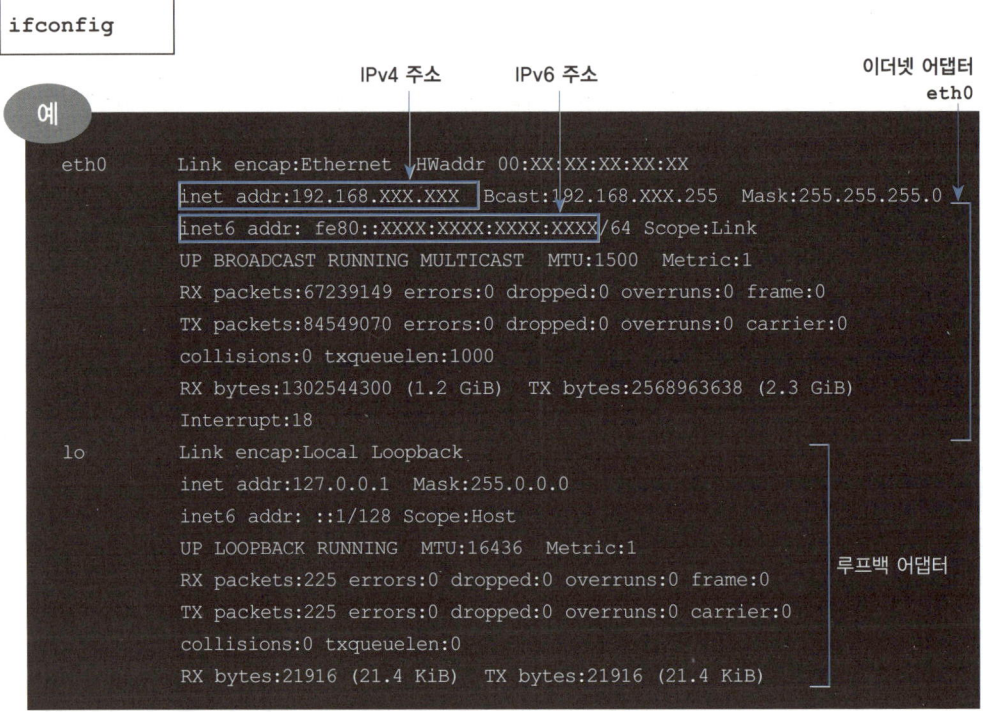

예

IPv4 주소, IPv6 주소, 이더넷 어댑터 eth0

```
eth0      Link encap:Ethernet  HWaddr 00:XX:XX:XX:XX:XX
          inet addr:192.168.XXX.XXX  Bcast:192.168.XXX.255  Mask:255.255.255.0
          inet6 addr: fe80::XXXX:XXXX:XXXX:XXXX/64 Scope:Link
          UP BROADCAST RUNNING MULTICAST  MTU:1500  Metric:1
          RX packets:67239149 errors:0 dropped:0 overruns:0 frame:0
          TX packets:84549070 errors:0 dropped:0 overruns:0 carrier:0
          collisions:0 txqueuelen:1000
          RX bytes:1302544300 (1.2 GiB)  TX bytes:2568963638 (2.3 GiB)
          Interrupt:18

lo        Link encap:Local Loopback
          inet addr:127.0.0.1  Mask:255.0.0.0
          inet6 addr: ::1/128 Scope:Host
          UP LOOPBACK RUNNING  MTU:16436  Metric:1
          RX packets:225 errors:0 dropped:0 overruns:0 frame:0
          TX packets:225 errors:0 dropped:0 overruns:0 carrier:0
          collisions:0 txqueuelen:0
          RX bytes:21916 (21.4 KiB)  TX bytes:21916 (21.4 KiB)
```

루프백 어댑터

루프백 어댑터는 자신의 PC를 네트워크에서 참조하기 위한 가상 장치이므로 그 이외의 곳을 봐 주세요.

단, 최근에는 `ifconfig` 대신 `ip` 명령을 사용하는 방법이 권장되고 있다. 같은 결과를 얻으려면 다음과 같이 기술해야 한다.

```
ip addr
```

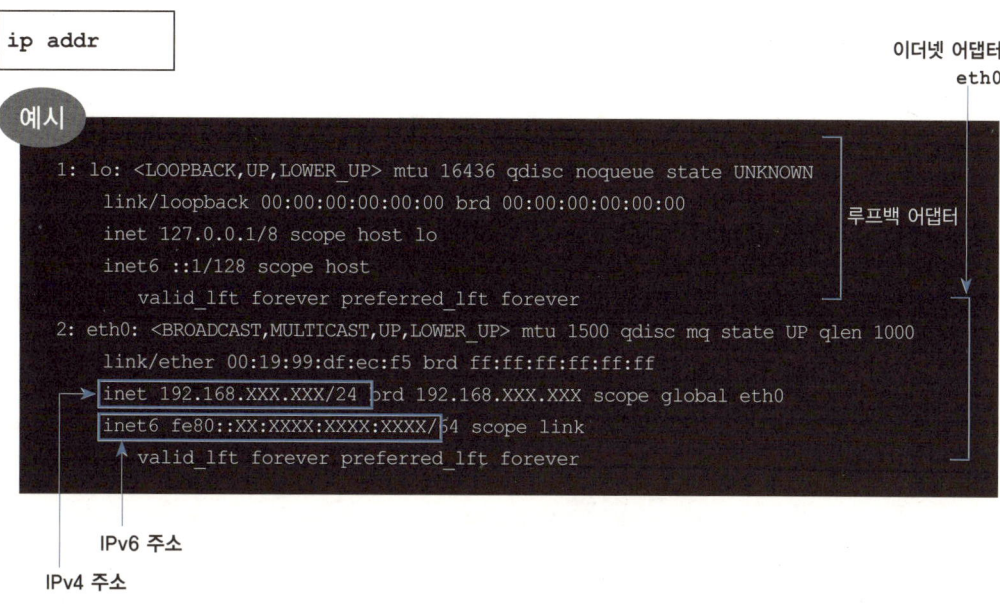

## nslookup 명령

`nslookup` 명령은 지정한 호스트명(DNS명 또는 IP 주소)에 관한 정보를 DNS 서버에서 취득한다.

```
nslookup www.cyber.co.kr
```
　　　　　　호스트명

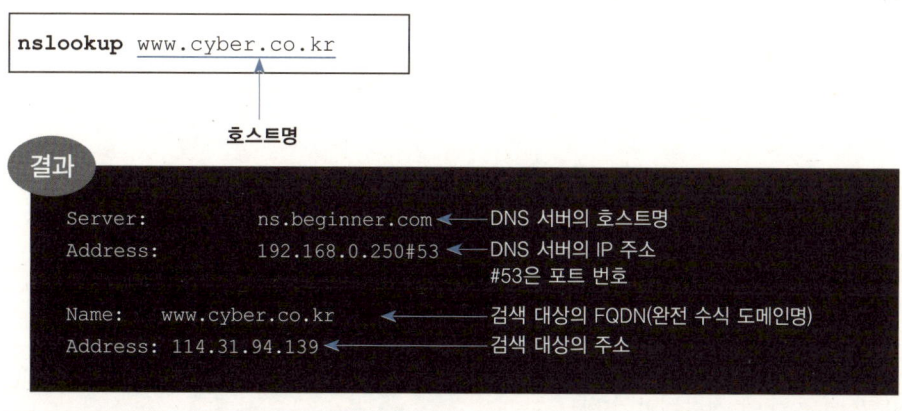

네트워크 명령 **95**

# 네트워크 설정

네트워크의 기본 설정에 대해 소개한다. 네트워크를 설정하려면 관리자로 로그인해야 한다.

##  설정 파일의 소재

네트워크와 관련된 관한 설정은 기본적으로 /etc/sysconfig 안에 있는 network라는 파일과 /etc/sysconfig/network-scripts 안에 있는 설정 파일로 관리되고 있다.

##  네트워크 설정의 기본 항목

네트워크 설정은 다방면에 걸쳐 있지만, 여기서는 다음의 여섯 가지 항목에 대해 살펴본다.

> 호스트명
> DNS 서버
> IP 주소
> 넷마스크
> 게이트웨이 주소
> DHCP의 유무

### ≫ 호스트명의 설정

호스트명은 /etc/hostname이라는 텍스트 파일에 기술되어 있다(CentOS 6까지는 /etc/sysconfig/network에 저장되어 있다).

```
localhost.localdomain  ← ──────── 완전 수식 도메인명(FQDN)
```
호스트명  도메인명

## ≫ DNS 서버의 설정

DNS 서버의 설정은 인터넷에서 이름 해결을 하기 위하여 수행한다. 이 설정은 /etc/resolv.conf 파일에 기술되어 있다.

DNS 서버의 IP 주소

## ≫ 기타 설정

그 외의 설정은 네트워크 인터페이스(Ethernet 카드 등)별로 준비된 파일에 기술되어 있다. 여기서는 eth0라는 인터페이스와 관련된 /etc/sysconfig/network-scripts/ifcfg-eth0 파일을 살펴보자.

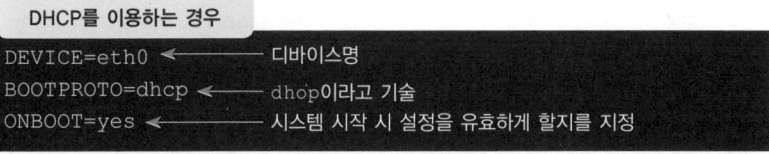

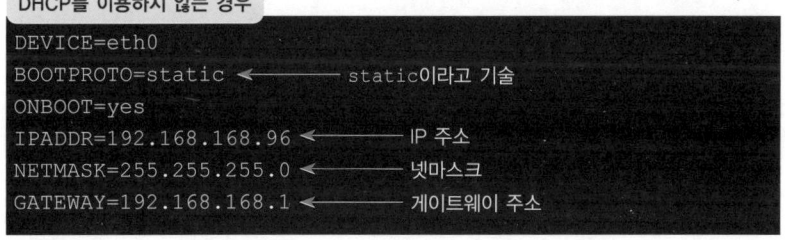

# 일시 설정

시스템을 관리하는 데 있어 매우 중요한 시간 관리에 대해 알아본다.

##  시스템 클락(system clock)

OS가 내부에 가지고 있는 시계를 **시스템 클락**이라고 한다. 파일의 타임스탬프(작성 시간 등의 기록)나 사용자의 이용 기록 등을 정확하게 관리하기 위해서라도 시스템 클락의 설정은 중요하다.

기본적으로는 컴퓨터 본체의 시계(RTC; Real Time Clock 또는 하드웨어 클락이라고도 한다)를 기준으로 합니다.

##  date 명령

`date` 명령은 시스템 클락의 일시를 설정, 관리하는 명령이다. 현재의 일시를 확인하는 방법은 다음과 같다.

```
date
```

결과

```
Sun Oct 25 09:04:39 JST 2020
```
← 실행한 순간의 일시가 표시된다.

## NTP 서버를 사용한 시간 맞추기

네트워크에 연결되어 있는 Linux에서는 NTP(Network Time Protocol) 서버라고 하는 시간 맞춤용 서버를 이용하여 정기적으로 시간을 맞춘다. NTP 서버를 통해 시간을 맞추려면 ntpd라는 데모가 실행하고 있어야 한다.

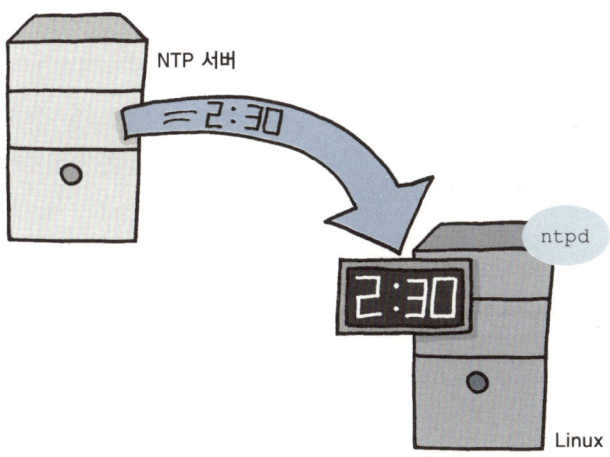

ntpd는 /etc/ntp.conf에 기술된 NTP 서버나 타이밍 정보를 바탕으로 시간을 맞춥니다.

## ntpdate 명령

**ntpdate** 명령은 NTP 서버에 문의하여 시간을 동기화한다. 인수에는 다음과 같이 NTP 서버명을 지정해야 하며, ntpd가 실행 중인 경우는 사용할 수 없다.

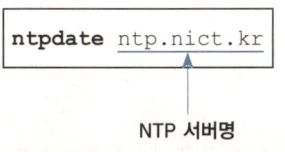

NTP 서버명

결과
```
kr.pool.ntp.org    ← 실행한 순간의 일시가 표시된다.
```

kr.pool.ntp.org는 국내용 풀 타임 서버입니다.

일시 설정 **99**

# 사용자의 생성과 삭제

사용자 계정의 생성과 삭제에 대해 알아본다. 이는 모두 관리자에게만 허용된 작업이다.

##  사용자 계정 생성

먼저 **useradd** 명령을 사용하여 사용자명을 실정한다. 사용사명은 중복해서 설정할 수 없다. 같은 이름의 사용자가 있는 경우는 이를 알려주는 메시지가 표시된다. **-m** 옵션을 붙여서 사용자용 홈 디렉터리도 함께 작성한다.

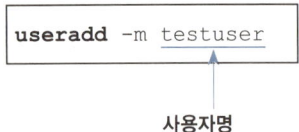

사용자명

그리고 비밀번호를 **passwd** 명령(73쪽 참조)으로 설정한다. 비밀번호를 설정하지 않으면 보안상 위험하다. 또한 설정에 따라서는 비밀번호 없이 로그인할 수 없는 경우도 있다.

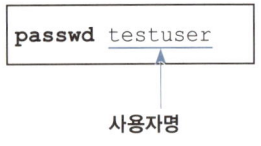

사용자명

useradd 실행 직후에는 비밀번호를 설정 할 수 없습니다.

```
[root@localhost ~]# useradd -m testuser      ← 사용자명 설정
[root@localhost ~]# passwd testuser          ← 비밀번호 설정
Changing password for user testuser.
New UNIX password:                           ← 비밀번호 입력
Retype new UNIX password:                      (표시되지 않는다)
passwd: all authentication tokens updated successfully.
```

제5장_시스템 및 사용자 관리하기

##  사용자 계정 삭제

사용자 계정을 삭제하려면 **userdel** 명령을 사용한다.

## 다중 사용자 모드와 단일 사용자 모드

Linux에는 여러 명의 사용자가 사용하는 **다중 사용자 모드**와 관리자 한 명만 로그인할 수 있는 **단일 사용자 모드**가 있다. 단일 사용자 모드는 유지관리 시 관리자가 안심하고 작업할 수 있도록 준비한 것이다(93쪽 참조).

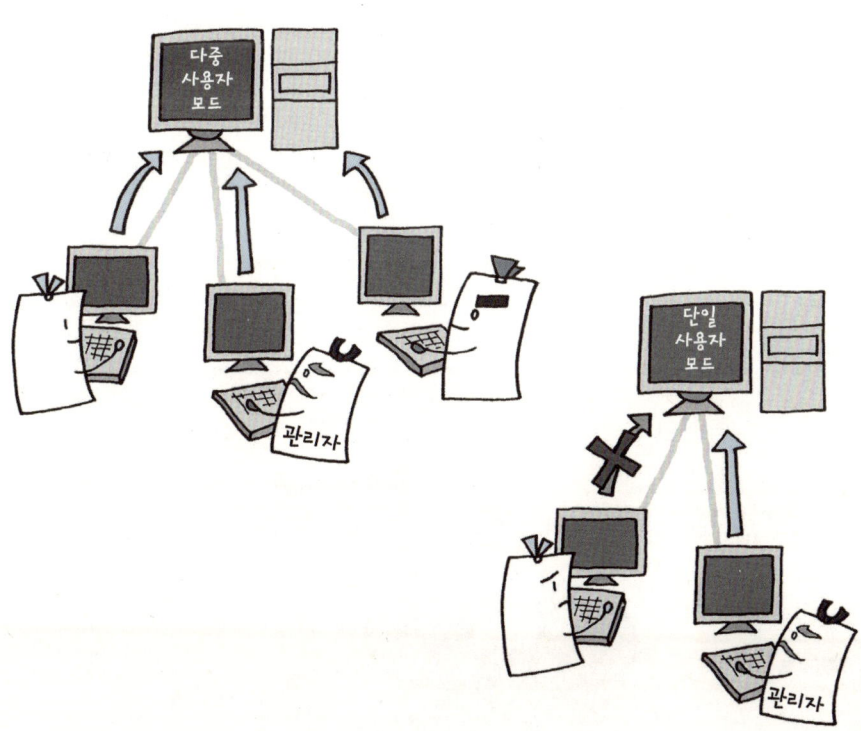

# 그룹 관리(1)

제4장 권한에서 그룹(Group)이라는 사용자 범주를 소개하였다.
그러면 그룹이 무엇인지 살펴보자.

##  그룹에서의 관리

사용자를 미리 그룹에 소속시켜 놓으면 권한(76쪽 참조) 설정에 따라 그룹에 소속되어 있는 사용자에 대해 같은 권한을 부여한다.

Linux에서는 사용자 계정 작성 시 사용자명과 동명의 새로운 그룹이 만들어지며, 거기에 할당된다.

##  기본 그룹

사용자가 소속된 그룹 중 메인 소속처가 되는 그룹을 **기본 그룹**(primary group)이라고 한다.

102  제5장_시스템 및 사용자 관리하기

## ≫ 소유 사용자와 소유 그룹

파일 및 디렉터리에는 **소유 사용자**와 **소유 그룹**이 기록된다.

vi 등에서 파일을 새로 만들면 그것을 만든 사용자가 소유 사용자가 되고, 사용자의 기본 그룹이 소유 그룹이 된다.

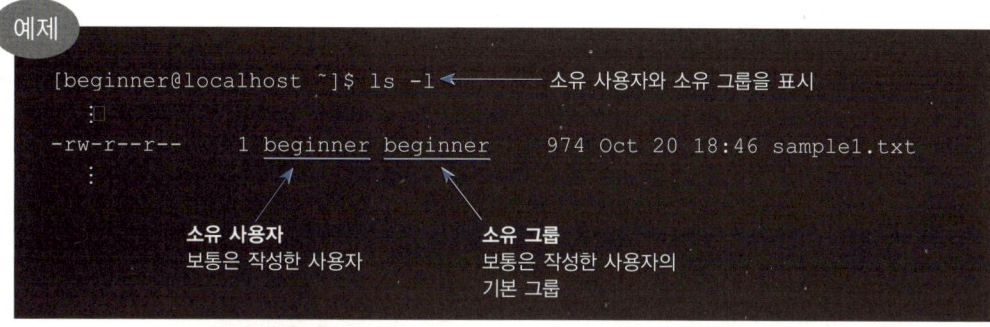

## ≫ 소유 사용자와 소유 그룹의 변경

소유 사용자는 **chown**(CHange OWNer) 명령으로, 소유 그룹은 **chgrp**(CHange GRouP) 명령으로 변경할 수 있다.

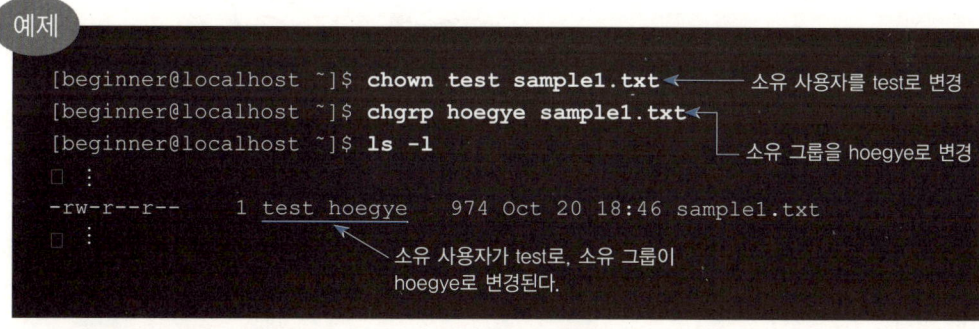

※chown 명령은 관리자만 이용할 수 있다.
※chgrp 명령은 관리자와 소유자
 (소속 그룹을 변경할 때)만 이용할 수 있다.

# 그룹 관리(2)

새 그룹을 만들거나 삭제하는 방법을 소개한다. 이 작업은 관리자만 수행할 수 있다.

## 🔓 그룹 작성

그룹을 작성하려면 **groupadd** 명령을 사용한다.

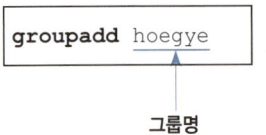

그룹명

## 🔓 사용자 등록

사용자를 그룹에 등록하려면 **usermod**(USER MODify) 명령을 사용한다.
로그인 중인 사용자의 기본 그룹을 변경하는 경우 변경을 활성화하려면 다시 로그인해야 한다.

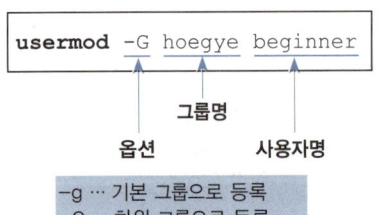

-g … 기본 그룹으로 등록
-G … 하위 그룹으로 등록
-aG … 하위 그룹으로 추가

하위 그룹을 기본 그룹으로 만들려면 **newgrp** 명령을 사용한다(일반 사용자는 본인에 대한 것만 변경할 수 있다).

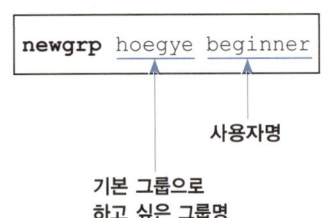

## 그룹 삭제

그룹을 삭제하려면 **groupdel** 명령을 사용한다. 기본 그룹으로 설정한 사용자가 있으면 삭제할 수 없다.

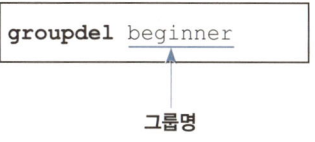

그룹명

## 그룹 확인

사용자가 어느 그룹에 소속되어 있는지를 확인하는 방법은 여러 가지가 있다. 자신의 기본 그룹이나 그 외 소속되어 있는 그룹을 알려면 **id** 명령을 사용하면 된다.

예제

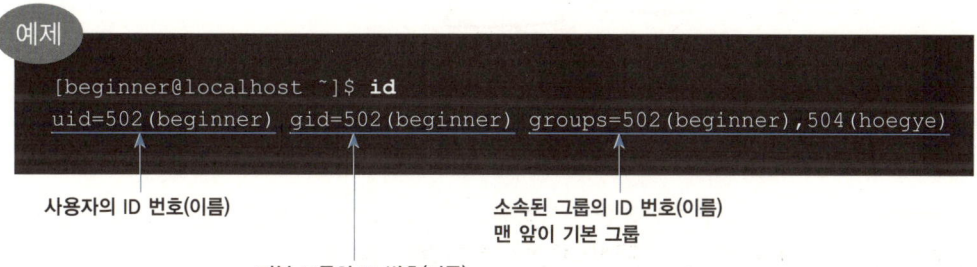

사용자의 ID 번호(이름)

기본 그룹의 ID 번호(이름)

소속된 그룹의 ID 번호(이름)
맨 앞이 기본 그룹

사용자나 그룹은 각각 고유의 ID 번호를 갖고 있습니다.

**groups** 명령을 사용하면 자신이 소속된 그룹의 목록만 표시할 수 있다.

예제

맨 앞이 기본 그룹이다.

# 종료와 재시작

시스템을 종료하거나 재시작하는 방법에 대해 알아본다. 원칙적으로 일반 사용자는 이들 작업을 수행할 수 없다.

## '종료한다'는 것

'시스템을 안전하게 종료하고 전원을 끄는 것'을 **셧다운**(shutdown), '재시작하는 것'을 **리부팅**(rebooting)이라고 한다. Linux는 항상 가동하는 서버로 사용되기 때문에 이들 작업을 수행하는 것은 긴급 상황이 발생한 경우뿐이다.

> 서버는 개인 PC처럼 마음대로 종료해서는 안 됩니다.

## shutdown 명령

**shutdown** 명령은 종료나 재시작을 수행하는 명령으로, 실행하면 로그인 중인 모든 사용자에게 메시지가 통지되며, 사용하려면 관리자로 로그인해야 한다.

```
shutdown -h +5 Shutdown At 10:25
```

옵션
- -h … 종료
- -r … 리부팅

시간 설정
- now … 지금 바로(종료만)
- +5 … 5분 후

사용자에게 통지하는 메시지 (1분마다 표시)

> 종료 후에 전원이 자동으로 꺼질지의 여부는 환경에 따라 다르다.

메시지 내용

```
Broadcast message from root (tty1) (Mon Oct 17 10:20:39 2005):

Shutdown At 10:25      ← 위에서 설정한 종료 메시지
The system is going DOWN for system halt in 5 minutes!
```

5분 후에 시스템이 종료된다.

## halt 명령

**halt** 명령도 시스템을 종료하는 명령이다. 사용자에게는 통지나 시간 설정 권한이 없기 때문에 가급적 shutdown 명령을 사용하도록 한다. 환경에 따라 사용할 수 없는 경우도 있다.

```
halt
```

## reboot 명령

**reboot** 명령은 시스템을 다시 시작하는 명령어다. 사용자에게는 통지나 시간 설정 권한이 없기 때문에 가급적 shutdown 명령을 사용하도록 한다.

```
reboot
```

> **주의**
>
> halt 명령과 reboot 명령은 환경에 따라서는 일반 사용자도 이용할 수 있지만 여러 사용자가 공유하여 사용하는 경우에는 누가 어떤 작업을 하고 있는지 알 수가 없다. '마음대로 종료해서는 안 된다'라는 점을 명심하자.

# 사용자 환경 설정

사용자 개별 환경 설정에 대해 알아본다.

## 🔒 닷 파일

제1장에서도 잠깐 소개한 닷 파일은 대부분 시스템 관리용 환경 설정 파일이다. 닷 파일이 ls 명령(옵션 없음)으로 표시되지 않는 것은 부주의하게 조작할 수 있는 위험을 방지하기 위해서이다.

### ≫ 닷 파일의 예
새로 작성한 사용자의 홈 디렉터리에서 ls -a를 실행하면 다음과 같이 닷 파일만 표시된다.

예제
```
[beginner@localhost ~]$ ls -a
.     .bash_history   .bash_profile   .canna    .viminfo
..    .bash_logout    .bashrc         .gtkrc
```

# 주요 환경 설정 파일

홈 디렉터리 내의 시스템 관련 환경 설정 파일에는 다음과 같은 것이 있다(bash의 경우).

| 파일명 | 내용 |
| --- | --- |
| .bash_history | bash로 실행한 명령의 이력 |
| .bash_profile | 로그인 시에 실행되는 환경 설정 |
| .bash_logout | 로그아웃 시에 실행되는 환경 설정 |
| .bashrc | .bash_profile로부터의 호출이나 쉘 시작 시에 실행되는 환경 설정 |
| .bash_login | .bash_profile이 없는 경우에 사용되는 로그인 시의 환경 설정 |
| .profile | .bash_profile이나 .bash_login이 없는 경우에 사용되는 로그인 시의 환경 설정 |

※그 외 vi(Vim)의 기록 파일(.viminfo) 등 애플리케이션별로 환경 설정 파일이 저장되어 있는 경우도 있다.

## ≫환경 설정 파일의 처리 흐름

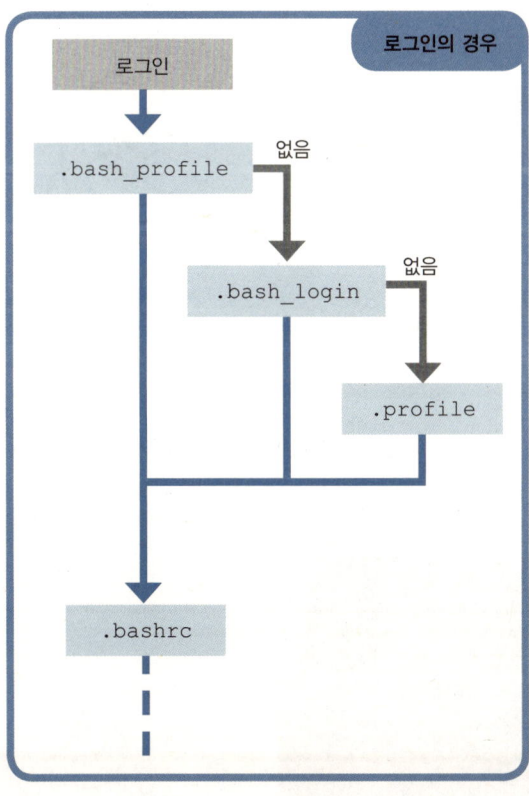

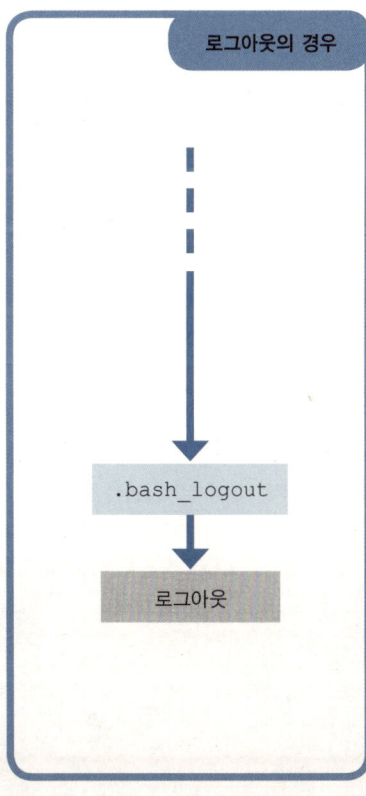

사용자 환경 설정 **109**

# 경로 설정

환경 설정의 예로 경로(PATH) 설정 방법에 대해 소개한다.

##  경로 지나가기

자주 사용하는 명령이 있는 디렉터리 경로(16쪽 참조)를 미리 설정해 두면 명령 이름을 입력만 해도 사용할 수 있다. 이것을 '경로를 지나간다'라고 한다.

명령 이름만으로 실행할 수 있는 것은 경로가 연결되어 있기 때문입니다.

##  환경 변수

Linux에는 쉘과 명령에서 공통으로 참조할 수 있는 내장 변수가 있는데, 이것을 **환경 변수**라고 한다. 환경 변수는 **env**(ENVironment) 명령으로 확인할 수 있다.

```
결과(발췌)
HOSTNAME=localhost.localdomain
SHELL=/bin/bash          ← SHELL 변수에는
TERM=xterm-256color        /bin/bash가 들어 있다.
PWD=/home/beginner
LANG=ko_KR.UTF-8
HOME=/home/beginner
```

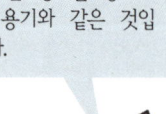

변수는 정보를 넣어두는 용기와 같은 것입니다.

## ≫PATH 지정

경로를 통하게 하기 위해서는 **PATH** 변수에 디렉터리 경로를 지정해야 한다. .bash_profile 파일에서 'PATH=경로'라고 지정해 두면 로그인할 때 PATH 변수가 설정된다. 여러 개의 경로를 설정하는 경우에는 ':'로 연결한다.

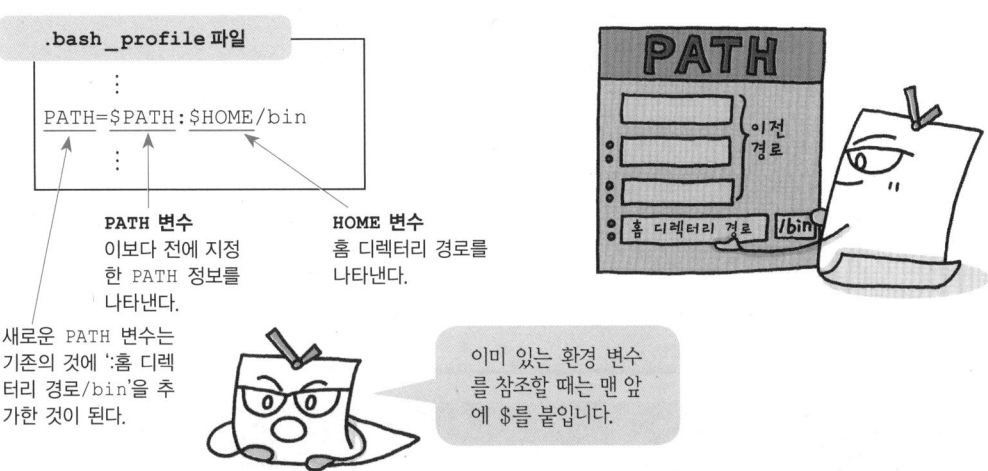

.bash_profile 파일 변경을 활성화하려면 다시 로그인하거나 **source** 명령을 실행하여 닷 파일을 다시 읽어들이도록 한다.
(예:source~/.bash_profile)

## ≫쉘 변수

시스템 변수에는 쉘 스크립트 등에서 이용되는 쉘 변수도 있다. 내용은 **set** 명령으로 확인할 수 있다.

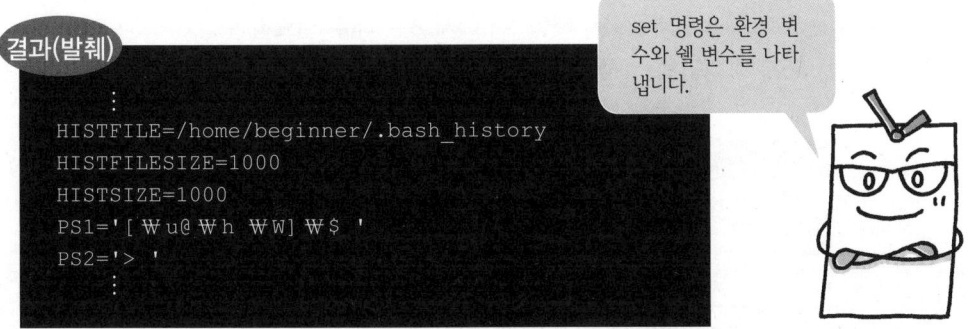

쉘 변수와 환경 변수의 이름이 동일할 경우 한쪽이 바뀌면 다른 한쪽에도 반영된다. PATH 변수도 그러한 예 중 하나다.

# COLUMN

## cron

`cron`은 스크립트 파일(명령을 모아서 기술한 텍스트 파일)을 자동으로 실행하는 시스템이다. `cron`이라는 용어는 Command Run ON의 머리글자에서 유래되었다고 한다. 이 시스템을 사용하면 정기적으로 실행하고 싶은 프로그램(명령어나 스크립트 파일도 포함)을 정해진 타이밍에 자동으로 실행할 수 있다.

`cron`은 설정 파일인 `/etc/crontab`과 설정 내용에 따라 명령을 실행하는 `crond`라는 프로그램으로 구성된다. `crond` 맨 끝의 d는 daemon(데몬; 수호신)에서 따 왔다. 데몬은 Linux의 모든 상주 프로그램 전반을 가리킨다.

설정 파일 `crontab`을 열어보면 다음과 같다.

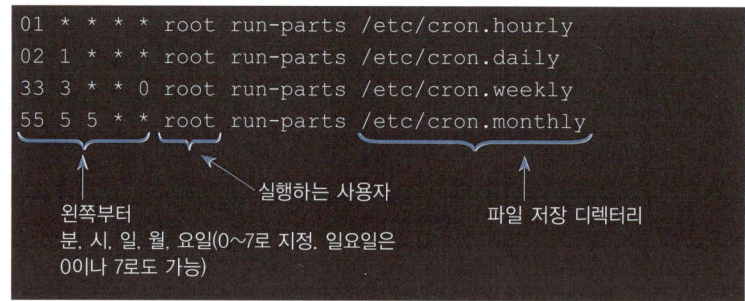

```
01 * * * * root run-parts /etc/cron.hourly
02 1 * * * root run-parts /etc/cron.daily
33 3 * * 0 root run-parts /etc/cron.weekly
55 5 5 * * root run-parts /etc/cron.monthly
```

왼쪽부터
분, 시, 일, 월, 요일(0~7로 지정. 일요일은 0이나 7로도 가능)

실행하는 사용자

파일 저장 디렉터리

지정된 파일 저장 디렉터리를 지정된 타이밍에 확인하고 안에 있는 스크립트 파일이나 프로그램으로 링크를 실행한다.

이 예에서는 위에서 순서대로 1분, 매일 오전 1시 2분, 매주 일요일 오전 3시 33분, 매월 5일 오전 5시 55분에 각각의 지정 디렉터리 안의 명령어나 스크립트를 실행한다.

# 6

# GUI 사용하기

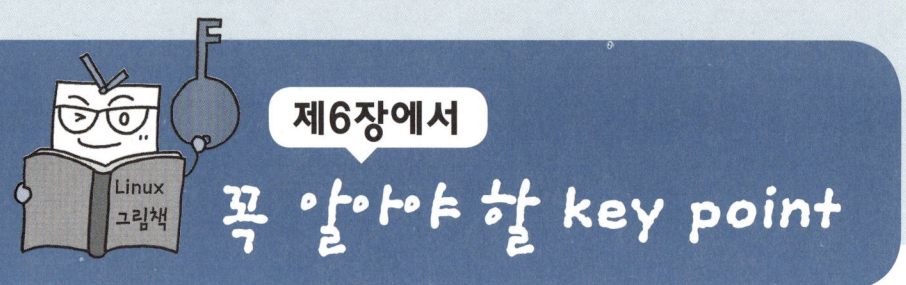

## 제6장에서 꼭 알아야 할 key point

inux GUI 환경

 지금까지 설명한 내용은 모두 CUI로 조작하는 것이었지만, Windows와 Mac이 전성기인 요즘은 역시 GUI로 Linux를 조작해 보고 싶은 사람이 더 많을 것이다. 그래서 제6장에서는 GUI에 대해서도 소개하도록 한다.

 Windows나 Mac과 같이 창(윈도우)을 이용해 파일이나 애플리케이션을 조작하는 GUI 관리 기능을 **Window System**이라고 한다.

 Linux의 GUI(Window System)의 역사는 의외로 오래되었다. 현재 많은 Linux 환경에서 볼 수 있는 X라는 Window System의 개발이 시작된 것은 Linux가 태어나기 이전인 1984년경이다. 물론 그 이전에도 여러 기업이 다양한 Window System을 제공하기는 했지만, 개인에게까지 보급된 것은 X Window System이 발전하면서 1990년대 말에 **GNOME**(놈)이나 **KDE**, **Xfce** 등과 같은 **통합 데스크톱 환경**으로 불리는 시스템이 등장한 것이 큰 영향을 주었다.

# 통합 데스크톱 환경

이 장에서는 기존에 사용하던 X Window System을 대체하는 새로운 Window System 인 **Wayland**와 거기서 작동하는 통합 데스크톱 환경에 대해 알아본다.

**통합 데스크톱 환경**이란 여러 유틸리티(도구)를 모아놓은 것이다. 통합 데스크톱 환경에는, 예를 들어 파일 관리 도구나 시스템 관리용 설정 도구부터 LibreOffice나 브라우저 등과 같은 각종 애플리케이션까지 데스크톱 환경을 편리하게 사용하기 위한 다양한 유틸리티가 하나로 정리되어 있다.

통합 데스크톱 환경은 여러 종류가 있으며, 사용자가 개별적으로 변경할 수 있다. 때문에 통합 데스크톱 환경에 따라서는 참고 해설서나 웹 사이트를 발견하기 어려울 수가 있다. 초기 설정이 GNOME과 KDE라는 양대 주요 환경으로 되어 있다면 참고 자료를 입수하기 쉬우므로 우선 이것부터 익숙해지는 것이 좋다.

# Wayland란

새로운 Linux의 GUI 환경에 대해 알아본다.

## 🔒 Wayland

Wayland는 Linux에서 GUI를 이용하기 위한 시스템 중 하나이다. 쉘이 커널과 사용자 사이의 중개자 역할을 하고 있는데, Wayland 또한 커널과 사용자를 중개하는 역할을 하고 있다.

### ≫ Window System

Window System은 창(윈도우)을 관리하기 위한 시스템이다. Windows나 Mac 등도 Window System의 일종이다.

## Wayland 컴포지터와 Wayland 클라이언트

Wayland는 **Wayland 컴포지터**(compositor)와 **Wayland 클라이언트**(client)라는 두 개의 프로그램으로 구성되어 있다. 사용자는 Wayland 클라이언트를 통해 Wayland 컴포지터 기능을 사용한다.

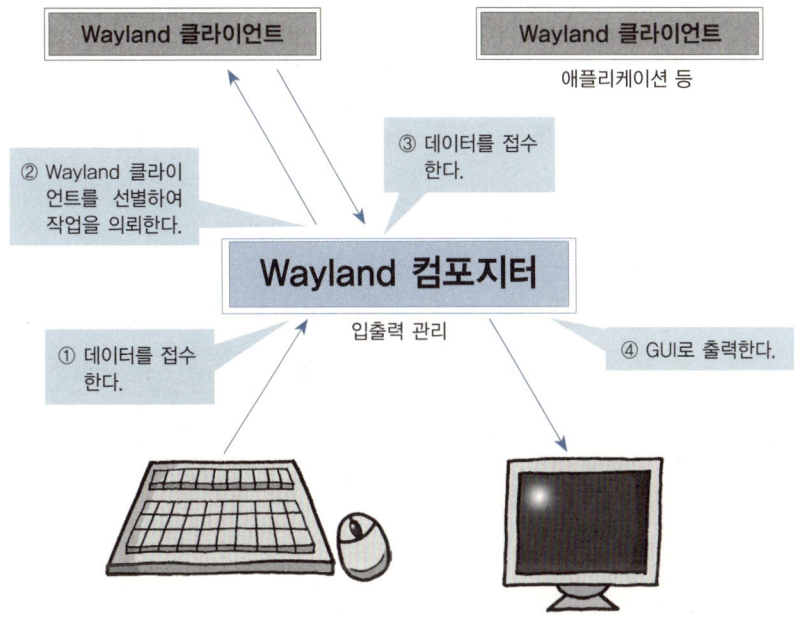

### ≫ Wayland 프로토콜

Wayland 컴포지터와 Wayland 클라이언트는 **Wayland 프로토콜**이라는 방식으로 통신한다.

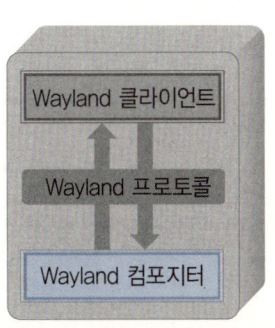

# 통합 데스크톱 환경

GNOME이나 KDE 등 통합 데스크톱 환경에 대해 알아본다.

##  통합 데스크톱 환경이란

윈도 매니저에 데스크톱용 **유틸리티**(도구)를 모아놓은 것을 **통합 데스크톱 환경**이라고 한다.

##  GNOME과 KDE

Linux에는 **GNOME**과 **KDE**라는 두 개의 유명한 통합 데스크톱 환경이 있다. 이를 사용하면 Microsoft Office와 호환이 되는 LibreOffice나 인터넷 및 화상 관련 도구를 이용할 수 있다.

## ≫ GNOME

**GNOME**(GNU Network Object Model Environment)은 가장 많이 사용되는 통합 데스크톱 환경이다. CentOS나 Fedora(모두 Red Hat Linux 계열), Ubuntu 등이며, 표준 데스크톱 환경으로 채택되어 있다.

※GNU(GNU is Not UNIX)
UNIX 호환 시스템을 재배포하기 자유로운 형태로 공개, 구축하는 것을 목표로 하는 프로젝트다.

GNOME은 버전 3이며, 외형이 이전과 크게 바뀌었다.

## ≫ KDE

**KDE**(K Desktop Environment)는 그래픽 그리기 방법으로 GNOME과는 다른 방법을 채택한 데스크톱 환경이다.

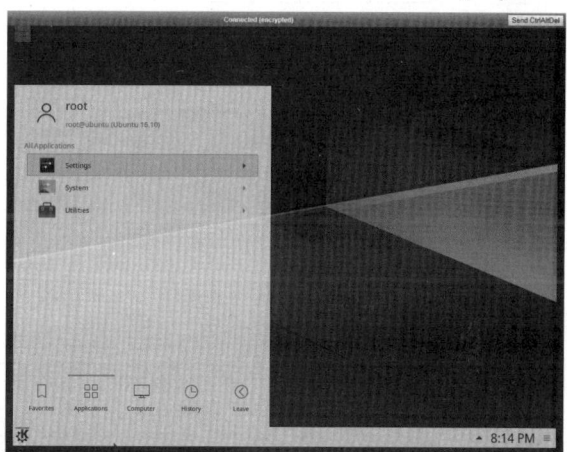

## ≫ 통합 데스크톱 환경의 전환

통합 데스크톱 환경은 사용자가 자유롭게 전환할 수 있다. CentOS 8은 로그인 화면에서 '사인인'의 왼쪽에 있는 톱니바퀴 아이콘을 클릭하면 오른쪽 화면이 표시되므로 목록에서 선택한다.

※ 이 화면에서 말하는 세션이란 로그인 환경을 말한다.

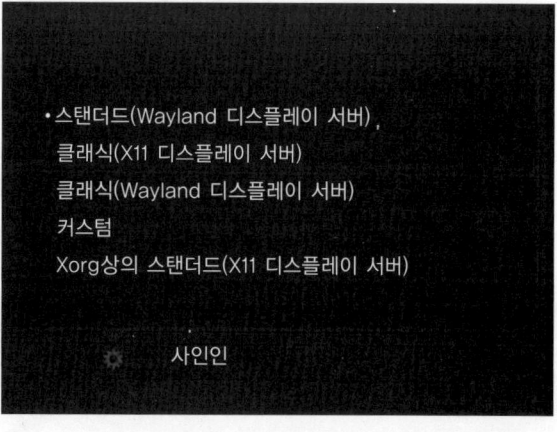

통합 데스크톱 환경 **119**

# 기본 조작(1)

텍스트 모드에서 GNOME 시작과 종료를 실행한다. 시작 후에는 키보드 외에 마우스 조작도 필요하다.

##  텍스트 모드에서 시작

텍스트 모드에서 GNOME을 시작해 보자.

### ▶ 텍스트 모드에서 설치한 경우

텍스트 모드에서 설치해서 처음부터 텍스트 모드로 사용하고 있는 경우에는 root로 로그인해서 아래의 명령을 실행한다.

`systemctl enable gdm.service` … GNOME을 시작

재시작하면 GNOME이 활성화된다.

##  로그인

로그인할 때는 텍스트 모드에서 사용한 것과 똑같은 사용자명과 비밀번호를 사용한다.

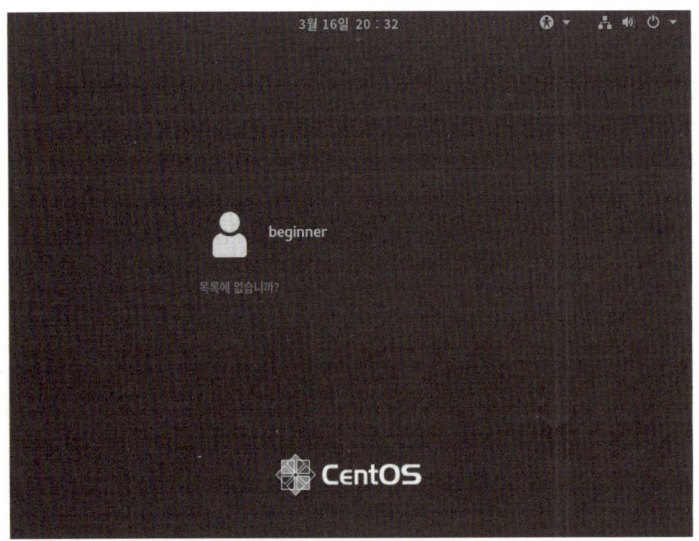

 로그아웃

로그아웃하려면 데스크톱 화면에서 로그아웃이라는 메뉴를 선택한다.

① 이용 환경에 따라 다르지만, 여기에서 사용하고 있는 CentOS 8의 초기 설정에서는 오른쪽 상단에 있는 메뉴에서 [사용자명] → [로그아웃]을 클릭한다.

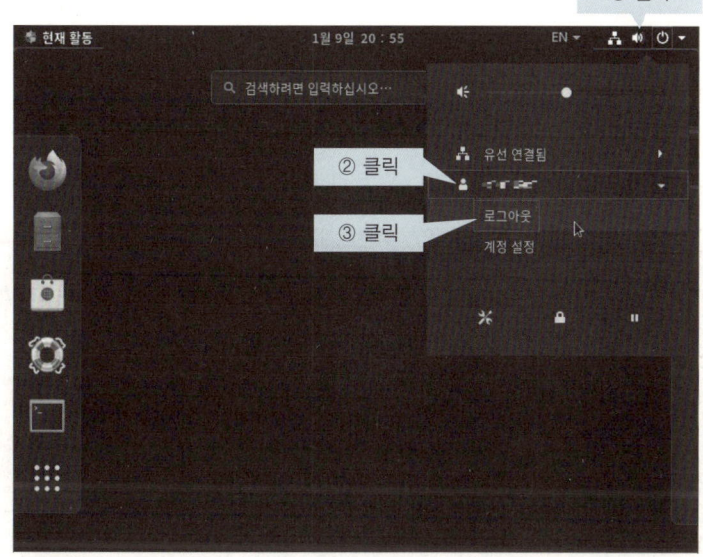

② 로그아웃을 확인하는 대화 상자가 나타나면 [로그아웃]을 클릭한다.

# 기본 조작(2)

CentOS 8을 예로 들어 GNOME의 기본 조작에 대해 알아본다.

##  기본 화면

사용자가 작업하기 위한 장소를 데스크톱이라고 한다. 상부 왼쪽에는 **현재 활동** 메뉴가 있고 오른쪽에는 시스템 관리용 메뉴가 있다.

## 현재 활동 메뉴

왼쪽 상단의 현재 활동 메뉴에서는 다양한 조작을 실행할 수 있다.

### ≫ 애플리케이션의 이용
애플리케이션을 실행하는 경우에는 소프트웨어 메뉴를 이용한다.

표시된 창에서 다양한 애플리케이션을 설치할 수 있습니다.

### ≫ 파일과 폴더의 조작
파일 메뉴에서는 파일 관리 도구를 사용하여 파일이나 폴더를 조작할 수 있다. 뿐만 아니라 다른 서버에 접속하는 도구도 여기에서 불러낼 수 있다.

파일 여기서 검색할 수 있습니다.

## 시스템 관리

오른쪽 상단 메뉴에는 시스템 관리에 관한 기능이 등록되어 있다. 로그아웃도 여기에서 실행한다.

Windows에서 말하는 컨트롤 패널과 가깝네요.

# COLUMN

## X Window System

이 책에서는 Window System으로 Wayland를 소개했는데, 최근까지 **X Window System**(이하 X)이라는 시스템이 사용되었다.

X는 Wayland 컴포지터에 해당하는 X 서버와 Wayland 클라이언트에 해당하는 X 클라이언트로 구성되어 있다.

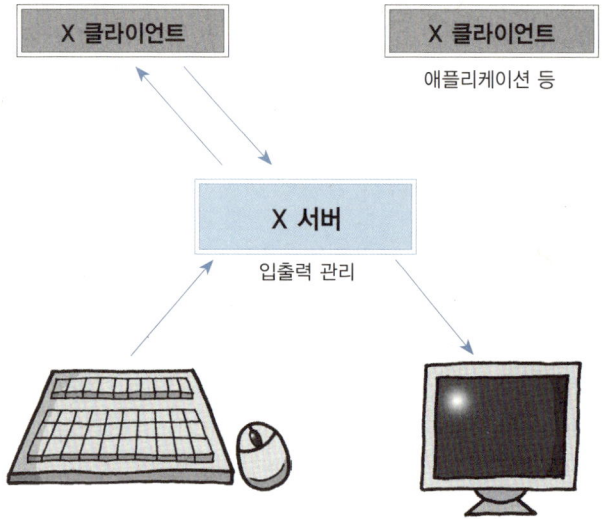

X 서버와 X 클라이언트는 같은 컴퓨터(호스트) 안에서는 X 프로토콜이라는 방식으로 통신하고 있다. 또한 X 서버는 다른 호스트에서 동작시키는 것도 가능한데, 그 경우에는 TCP/IP 프로토콜로 통신한다.

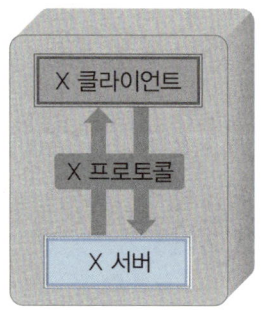
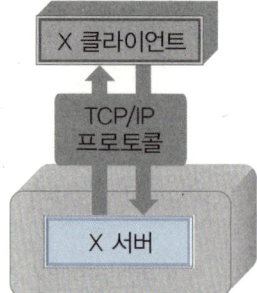

# 7

## 한국어 환경

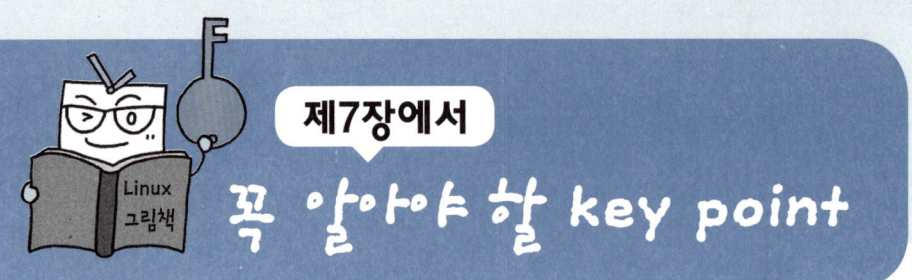

## 문자 코드

컴퓨터 내부에서는 텍스트 데이터를 문자 코드라는 식별용 숫자를 사용하여 나타낸다.

PC끼리 텍스트 데이터를 주고받는 경우 문자 코드는 매우 중요하다. 문자 코드를 바르게 인식하지 못하면 그 텍스트를 바르게 표시할 수 없다. 이것을 글자 깨짐이라고 한다. 영어도 종류가 많지 않은 것처럼 한국어도 종류는 많지 않지만, 대표적으로 사용되는 문자 코드에 대해 알아본다.

예를 들어 한국어의 문자 코드는 UNIX가 **EUC**(한국어의 경우 **EUC-KR**)를 표준으로 한 데 반해 Windows는 **CP949**를 표준으로 삼아왔다. 최근에는 다국어를 지원하는 흐름에 따라 **UTF-8**이라는 다국어를 나타낼 수 있는 문자 코드가 표준으로 사용되고 있다.

인터넷의 보급으로 서로 다른 OS 간의 통신이 일상적으로 이루어지고 있는데, 홈페이지를 열람하거나 메일을 읽을 때도 글자 깨짐이 발생할 수 있다. 애플리케이션이 해결해 주는 경우도 있지만 그렇지 못한 경우에는 수작업으로 설정을 바꿔주어야 한다. 그런 작업을 하기 위해서라도 문자 코드에 대한 지식은 반드시 필요하다.

# 한국어 표시와 입력

Linux에는 언어나 날짜와 같은 지역 정보가 저장되어 있으며, OS는 이 정보를 바탕으로 다양한 정보를 표시한다. 지역 설정의 한 예로는 날짜 형식이 있다. 한국에서는 '2020/11/25'라고 쓰고, 미국에서는 'Nov 25, 2020'이라고 쓴다. 이러한 지역 설정을 로케일(locale)이라고 한다. 로케일의 변수는 여러 가지가 있지만, 그중에서도 중요한 것은 LANG이라고 하는 환경 변수다. 환경 변수는 5장에서도 살펴봤듯이 시스템 전체의 설정을 저장하기 위한 변수로, 이 변수를 세팅하면 기타 설정도 연동되어 변화한다. 한국어를 나타내는 LANG 변수의 값은 ko_KR.UTF-8이 된다.

로케일을 설정했다고 해도 한국어를 바르게 표시하고 입력할 수 있도록 하기 위해서는 문자 코드를 바르게 인식하고 한국어를 표현할 수 있는 폰트가 있어야 한다. 이 장에서는 그 대표적인 예를 살펴보겠다.

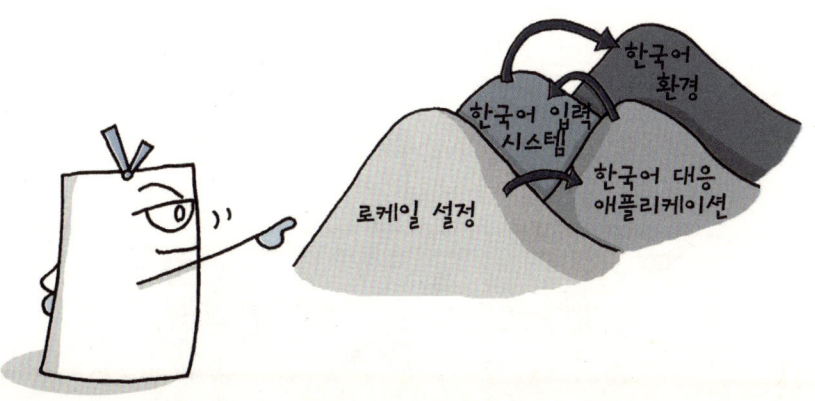

꼭 알아야 할 key point

# 문자 코드와 언어 환경

이번에는 문자 코드와 언어 환경의 설정에 대해 알아본다.

## 문자 코드란

컴퓨터에서 문자나 기호를 다루기 위해 하나하나의 문자나 기호에 주어진 식별용 숫자를 **문자 코드**라고 한다. 가장 기본적인 문자 코드에 **ASCII 코드**가 있고 반각 영숫자나 기호 등이 정의되어 있다.

### ASCII 코드표

| No | 문자 | No | 문자 | No | 문자 | No | 문자 |
|---|---|---|---|---|---|---|---|
| 32 |   | 48 | 0 | 64 | @ | 80 | P |
| 33 | ! | 49 | 1 | 65 | A | 81 | Q |
| 34 | " | 50 | 2 | 66 | B | 82 | R |
| 35 | # | 51 | 3 | 67 | C | 83 | S |
| 36 | Z | 52 | 4 | 68 | D | 84 | T |
| 37 | % | 53 | 5 | 69 | E | 85 | U |
| 38 | & | 54 | 6 | 70 | F | 86 | V |

문자 코드는 언어별로 준비되어 있으며 한국어를 이용할 수 있는 주요 코드에는 EUC_KR, CP949가 있다. 각 언어에서 공통으로 사용할 수 있는 Unicode라는 문자 코드도 있다. 문자 코드가 정확하게 컴퓨터에 전달되지 않으면 문자나 기호가 바르게 표시되지 않는다.

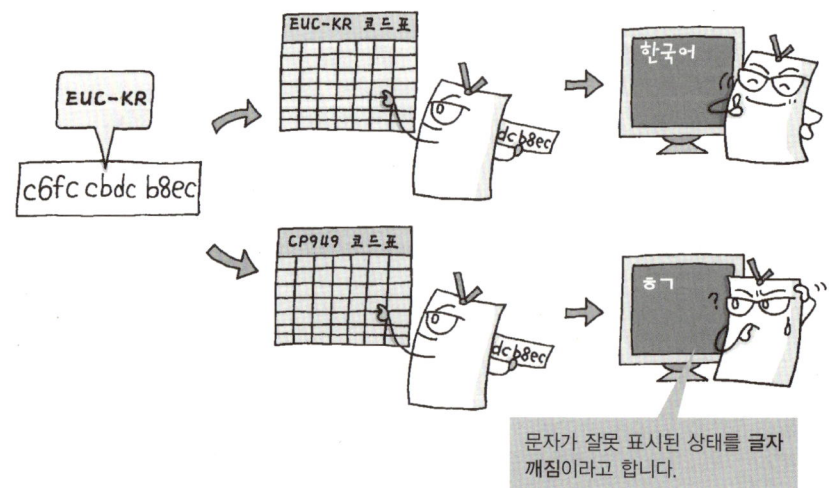

> 문자가 잘못 표시된 상태를 글자 깨짐이라고 합니다.

## ≫Linux의 문자 코드

최근 Linux로 한국어 데이터를 주고받을 때 표준으로 사용되는 문자 코드는 Unicode의 일종인 **UTF-8**이다(과거에는 EUC_KR가 자주 사용되었다). 주요 한국어 대응 문자 코드는 다음과 같다.

| 한국어 대응 문자 코드 | 특징 |
| --- | --- |
| EUC_KR | Windows나 OSX 이전의 Mac에서 표준으로 채택되었다. |
| CP949 | Windows의 기본 코드 페이지로, EUC-KR의 확장형이다. |
| EUC_KR | UNIX를 중심으로 인터넷에서 자주 사용된다. EUC(Extended UNIX Code)라는 이름에서 알 수 있듯이 UNIX로 영어 이외의 언어를 표현하는 데 사용된다. |
| UTF-8 | Unicode의 일종으로, ASCII 코드와 호환이 된다. |
| UTF-16 | Unicode의 일종으로, ASCII 코드와는 호환되지 않는다. BE(Big Endian)와 LE(Little Endian)의 두 종류가 있다. Windows에서 Unicode인 경우 UFF_16 LE를 가리킨다. |

# 로케일

언어 환경 등 지역 정보를 Linux가 어떻게 관리하고 있는지 살펴보자.

## 🔒 로케일

언어나 통화 등을 포함한 지역 정보를 **로케일**이라고 한다. 로케일은 쉘이나 애플리케이션의 표시 및 동작에 영향을 준다.

### ≫ 현재의 로케일 확인

`locale` 명령을 사용하면 현재 로케일의 설정을 확인할 수 있다.

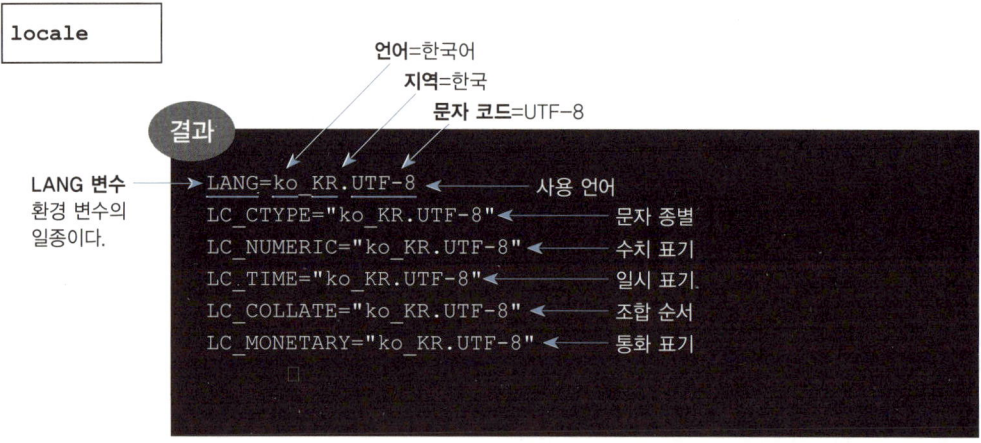

※실제 언어가 어떻게 표기되는지는 애플리케이션에 따라 다르다.

### ≫ 로케일 설정

사용 언어, 지역, 문자 코드는 LANG이라고 하는 환경 변수로 통합하여 설정한다. LANG 변수를 설정하려면 export 명령을 사용한다.

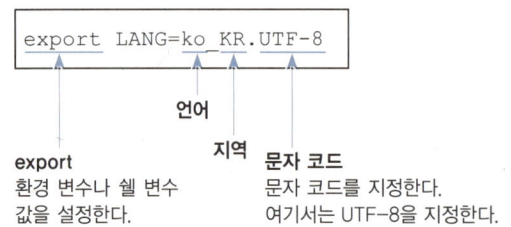

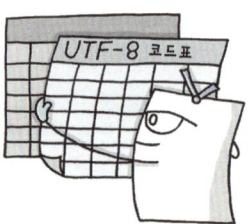

130 제7장_한국어 환경

## ≫ 영어 로케일

영어용 로케일은 국가나 지역별로 분리되어 있어 필요에 따라 선택할 수 있다.

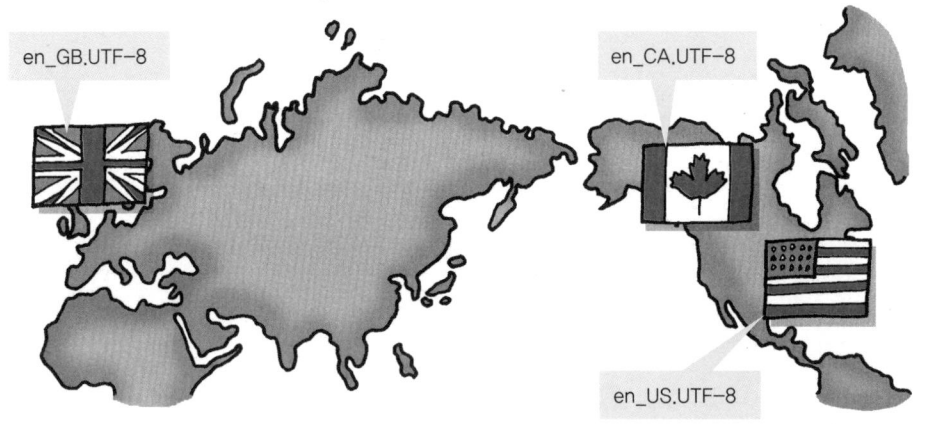

## ≫ LANG=C

단순하게 'export LANG=C'라고만 지정하면 로케일 지정이 없는 상태, 즉 컴퓨터 본래의 언어를 사용하는 설정이 된다. C는 Common의 약자이다.

# 한국어 표시와 입력

한국어 출력과 입력에는 무엇이 필요한지 알아보자.

 ## 한국어를 표시하기 위해 필요한 것

로케일 설정에 의해 OS 측의 내용은 갖춰졌다고 해도 한국어를 표시하고 입력하려면 아직 확인해야 할 점이 있다.

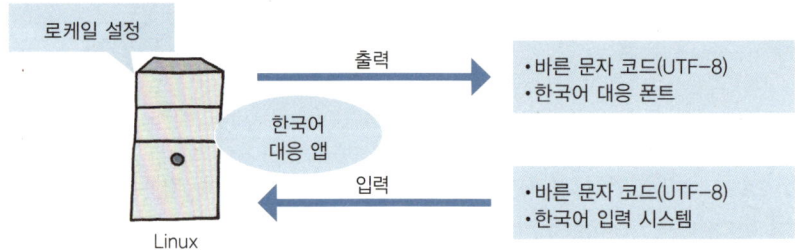

상황별로 한국어 대응 방법에 대해 알아보자.

### ≫ 리모트 경유로 CUI 환경에서 이용하기

CUI 환경에서 한국어를 다룰 경우 원래의 Linux 환경을 직접 참조하기보다는 다른 PC 등에서 SSH 접속을 하는 것이 편리하다. SSH 클라이언트라고 하는 소프트웨어에는 문자 코드나 폰트를 지정하는 기능이 포함되어 있다.

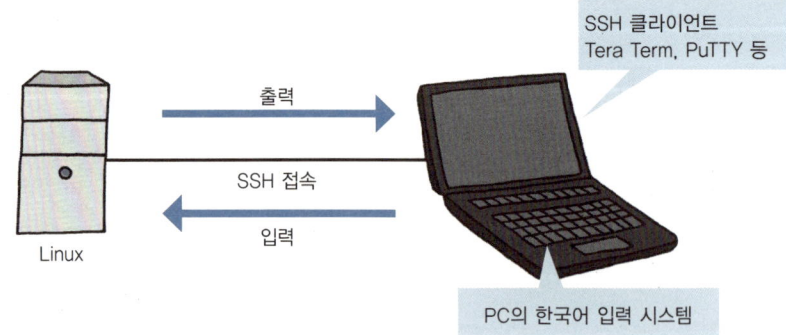

## ≫ 데스크톱의 GUI 환경에서 이용하기

GNOME 등의 데스크톱 환경에서 이용할 경우 Linux 셋업 시 한국어를 선택하면 한국어를 사용할 수 있다.

**GNOME의 예**

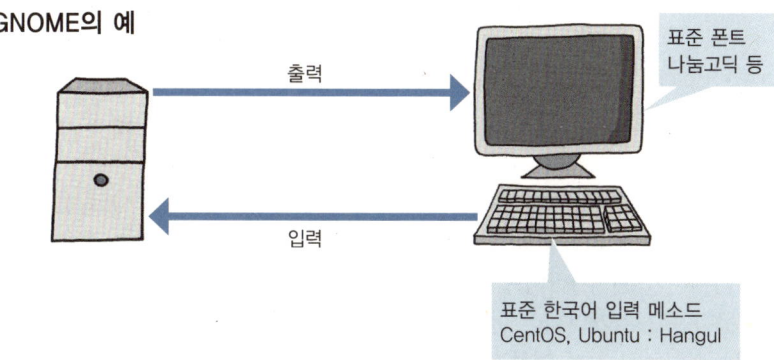

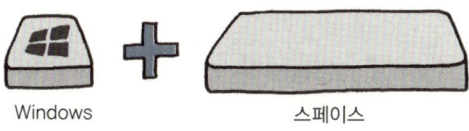

'Windows' 키 + '스페이스' 키로 일반적인 입력과 한국어 입력을 전환할 수 있습니다.

## COLUMN

## 멀티바이트 문자

**멀티바이트 문자**란 1문자를 2바이트 이상의 데이터로 나타내는 문자를 말한다. 한국(EUC_KR, CP949, ISO/IEC 2022 등)을 포함한 동아시아권의 문자 코드(EUC-JP, Big5, GB 2312 등)가 해당된다.

서양은 알파벳을 기조로 한 문자 문화권이기 때문에 반각 영숫자에 따른 1바이트 문자(싱글바이트 문자라고도 한다)가 사용되고 있다. 프로그램 코드와 명령어 등이 반각 영숫자로 기술되는 것은 컴퓨터가 원래 1바이트 문자권 내에서 발전한 것에서 유래한다. 애플리케이션도 1바이트 문자용으로 개발되어 한국어에 대한 대응이 늦어졌다.

그 때문에 한국어를 지원하지 않는 애플리케이션의 한국어 지원을 위해 사용자의 뜻을 모아 멀티바이트 지원 작업을 실시하기도 했지만, 최근에는 처음부터 멀티바이트 대응으로 개발되는 사례도 늘고 있어 편리해졌다.

단, EUC 등 문자 세트는 각 언어별로 구분되어 있어 언어 설정 등 환경이 바르지 않으면 표시할 수 없고, 각국의 단어를 동시에 표시할 수도 없다. 그래서 각국의 문자를 모두 표현할 수 있는 통일된 규격이 생겨나게 되었다. 그것이 UTF-8이나 UTF-16 등 Unicode이다.

규격이 생긴 초기에는 널리 다양한 언어를 도입하는 것을 우선한 결과 각 언어의 문자 수는 제한을 받게 되었다. 그 후 한자 이체자 등도 포함하여 보다 광범위한 문자의 종류에 대응할 수 있도록 확장되었다.

# 8

## 고도의 조작

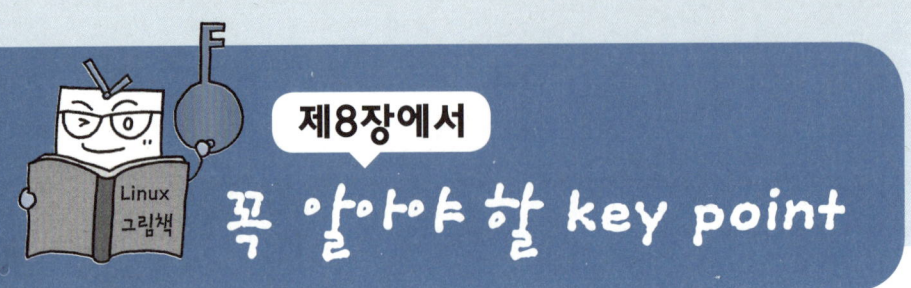

로컬 환경에서 바깥 세상으로

이 장에서는 다른 서버와 통신하는 방법을 소개한다. 'Linux를 시작하기에 앞서'(ix쪽)에서도 언급했듯이, 원래 Linux는 네트워크를 통해 서버와 클라이언트가 통신하는 것을 전제로 한 OS이다. Linux가 개인에게 보급되는 과정에서 스탠드얼론(stand-alone)으로 이용되는 경우도 많아졌다. 그렇다고는 해도 인터넷이나 클라우드 서비스 등 아직은 네트워크를 통해서 이용하는 것이 주류이다. 모처럼 Linux를 접했다면 Linux의 본 기능을 제대로 발휘할 수 있는 네트워크상에서의 이용을 먼저 경험해 보자.

여기서는 어느 환경에서나 거의 표준으로 이용할 수 있는 두 가지의 통신 수단(**SSH**, **SFTP**)을 예를 든다. CUI 환경에 따른 이용을 전제로 이야기를 진행하기로 한다.

# 여러 가지 인스톨 방법

애플리케이션을 새로 **인스톨**(설치)하는 경우는 물론 주변기기를 처음 이용하는 경우도 프로그램이나 디바이스 드라이버의 설치가 필요하다. Linux에는 애플리케이션이나 디바이스 드라이버의 설치부터 제거까지를 관리하는 **패키지 관리 시스템**이라고 하는 시스템이 준비되어 있다. 이 책에서는 설치에 필요한 파일을 아카이브(또는 압축)한, 이른바 아카이브 형식에 의한 관리 방법 외에 **rpm**이나 **dnf**와 같은 명령을 사용하는 시스템도 소개한다.

또한 콘솔상에서의 명령 조작을 중심으로 소개하였는데, 통합 데스크톱 환경에서 관리용 GUI 도구를 이용하는 것이 손쉬울 수도 있다. GUI와 CUI는 표리일체, 서로 연결되어 있기 때문에 어느 한쪽만을 고집할 것이 아니라 상황에 따라 구분하여 사용하도록 한다.

# SSH에 의한 원격 조작

SSH라는 암호화 통신을 수반한 원격 접속의 기본 조작에 대해 알아본다.

 **SSH란**

SSH(Secure SHell)는 네트워크로 연결된 다른 컴퓨터를 원격으로 조작하기 위한 프로그램이다. 통신이 암호화되므로 안전하게 통신할 수 있다.

**SSH 서버**
원격 조작 예

**SSH 클라이언트**
조작 예

Linux에서는 OpenSSH라는 프리 소프트웨어를 사용합니다.

#  ssh 명령

SSH를 사용해 서버에 접속하려면 **ssh** 명령을 사용해야 한다. 종료하는 경우는 exit라고 입력한다. 처음 접속하는 서버의 경우 신뢰할 수 있는 상대인지를 확인해야 한다.

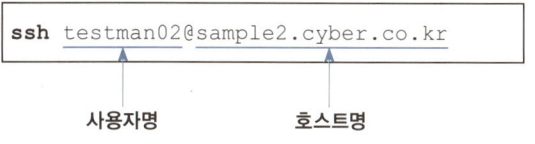

현재의 사용자명으로 로그인한다면 호스트명만으로 OK입니다.

**결과**

```
                                      새로 발급된 접속 인증용 암호 키
         인증에 실패하여 호스트와 접속할 수 없다는 메시지
The authenticity of host '10.10.100.10' can't be established.
RSA key fingerprint is SHA256:v3w9otVxVsTWZ3zRkbZBw4bLs4l42keI1szpqcMZDZs
Are you sure you want to continue connecting (yes/no)? yes  ← 접속 확인(yes를 입력)
Warning: Permanently added '10.10.100.10' (RSA) to the list of known hosts.
                                        인증 키가 목록에
                                        등록되었다는 메시지
```

그런 다음 비밀번호 인증을 실행한다. 두 번째 이후는 위의 메시지가 표시되지 않는다.

**결과**

비밀번호 입력 (표시되지 않음)

마지막으로 로그인한 일시와 그때의 클라이언트 IP 주소

# SFTP에 의한 파일 전송

안전한 파일 전송에 자주 사용하는 SFTP의 기본 조작에 대해 소개한다.

## SFTP란

SFTP(SSH File Transfer Protocol)는 TCP/IP 네트워크로 연결된 다른 컴퓨터와 파일을 안전하게 전송하기 위한 프로토콜이다.

## SFTP 접속

SFTP 서버에 접속하려면 **sftp** 명령을 사용한다(종료하려면 프롬프트에서 quit이라고 입력한다).

## ≫SFTP의 조작

접속 후에는 FTP용 명령을 사용하여 파일 전송이나 삭제 등을 실행한다. 다운로드에는 **get** 명령, 업로드에는 **put** 명령을 사용한다. 아래에 실행 예를 나타내었다.

```
sftp> ls ←──────── ls 명령으로 서버상의 파일을 확인한다
README      diary.txt       sample.sh
sftp> get diary.txt ←──────── get 명령으로 서버상의 파일을 다운로드한다
Fetching /home/user-name/diary.txt to diary.txt
/home/user-name/diary.txt    100%   300    18.2KB/s   00:00 ←┐
sftp> put diary2.txt ←──── put 명령으로 서버에 파일을 업로드한다  │
Uploading diary2.txt to /home/user-name/diary2.txt          │ 파일 크기와 진행
diary2.txt                   100%   328    58.6KB/s   00:00 │ 상황이 표시된다
sftp> mkdir new_dir ←──── mkdir 명령으로 디렉터리를 만들 수 있다
sftp> cd new_dir ←──── cd 명령으로 디렉터리로 이동한다
```

다운로드할 곳은 보통 SFTP 접속 시의 디렉터리입니다(변경 불가).

# 애플리케이션 도입

좀 더 간단한 애플리케이션의 입수와 설치 방법에 대해서 소개한다.

##  입수부터 설치 준비까지

Linux용 애플리케이션은 매장에서는 거의 판매하지 않는다. 일부 제품은 전문업체를 통해 구입할 수 있지만, 그 이외는 인터넷상에서 공개하는 등의 형태로 배포한다.

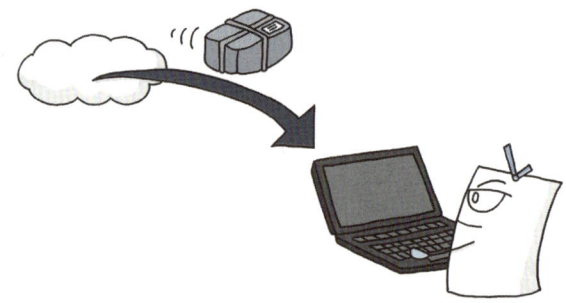

오픈 소프트웨어의 경우 확장자 .tar.gz(20쪽 참조) 등 아카이브 파일 형태로 배포되는 경우가 많으며, 그 안에 소프트웨어 본체나 설치 안내서 등이 들어 있다. 또 파일명에는 일정한 법칙이 있다.

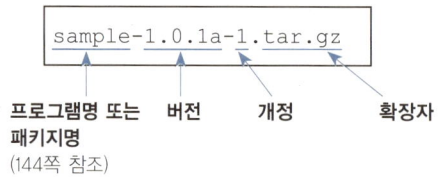

### ▶ 준비 과정

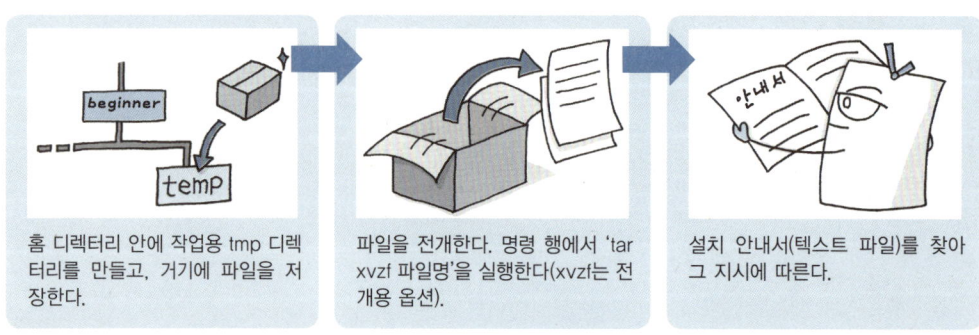

홈 디렉터리 안에 작업용 tmp 디렉터리를 만들고, 거기에 파일을 저장한다.

파일을 전개한다. 명령 행에서 'tar xvzf 파일명'을 실행한다(xvzf는 전개용 옵션).

설치 안내서(텍스트 파일)를 찾아 그 지시에 따른다.

# 설치

배포 파일이 **바이너리 형식**인 경우, 지정된 장소에 복사하거나 간단한 설정만으로 이용할 수 있다. 이에 반해 환경에 맞는 바이너리 파일을 만들 수 있도록 소스 코드 형태로 배포되는 경우도 있다. 그 경우는 **컴파일**이라는 작업이 필요하다.

## ≫ 컴파일 (compile)

컴파일은 소스 코드를 실행 가능한 바이너리 파일로 변환하는 작업이다. 일반적인 절차는 다음과 같다(자세한 것은 설치 안내 등의 문서를 참조).

### ① Makefile(생성 파일) 작성

컴파일은 `Makefile`이라고 하는 컴파일의 순서와 설정을 기술한 파일의 내용에 따라 진행된다. `Makefile`이 없는 경우는 파일을 전개한 디렉터리에서 **configure** 스크립트를 실행하여 작성하고, `Makefile`이 있는 경우는 ②로 넘어간다.

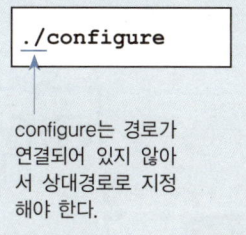

configure는 경로가 연결되어 있지 않아서 상대경로로 지정해야 한다.

### ② 컴파일 실행

컴파일을 하려면 `make` 명령을 사용한다. ①과 같은 디렉터리 내에서 명령을 실행하면 `Makefile`의 설정에 따라 실행 파일이 작성된다.

```
make
```

## ≫ 설치

컴파일한 파일을 설치하는 경우, `make` 명령에 `install`을 붙여 실행한다. 설치 작업에는 관리자 권한이 필요할 수도 있다.

```
make install
```

# 패키지 관리 시스템

패키지 관리 시스템에 대해서 소개한다.

##  패키지 관리 시스템이란

**패키지 관리 시스템**은 설치에 필요한 파일을 한데 모은 **패키지 파일**을 사용해 설치부터 삭제까지 관리한다. CentOS 8에서 채택한 **RPM** 형식과 Ubuntu에서 채택한 **deb** 형식, 그 외에도 **tgz** 형식 등이 있다.

### ≫ 의존 관계

예를 들어 어떤 애플리케이션(A)의 명령을 실행하기 위해 다른 애플리케이션(B)이 가지고 있는 파일이 필요하다고 할 경우, 이를 'A는 B에게 의존하고 있다'라고 한다.

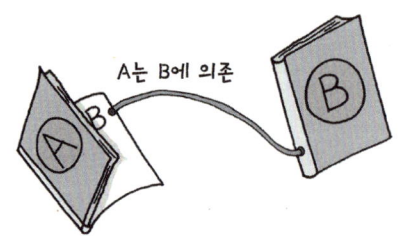

# RPM

RPM(Redhat Package Manager)은 많은 디스트리뷰션에서 사용할 수 있는 패키지 관리 시스템이다. 설치와 삭제는 물론 업그레이드까지 관리할 수 있다. **rpm** 명령을 사용하여 조작한다.

이름에서 알 수 있듯이 원래는 Red Hat Linux용이었습니다.

## ≫ 설치(업그레이드)와 삭제

설치와 업그레이드는 다음과 같이 실행한다.

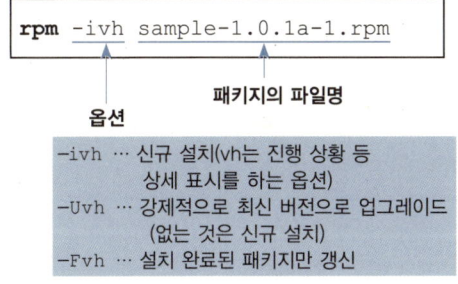

```
rpm -ivh sample-1.0.1a-1.rpm
```

옵션 / 패키지의 파일명

- -ivh … 신규 설치(vh는 진행 상황 등 상세 표시를 하는 옵션)
- -Uvh … 강제적으로 최신 버전으로 업그레이드 (없는 것은 신규 설치)
- -Fvh … 설치 완료된 패키지만 갱신

설치는 GUI상에서 실행하는 것도 가능합니다.

삭제는 다음과 같이 실행한다.

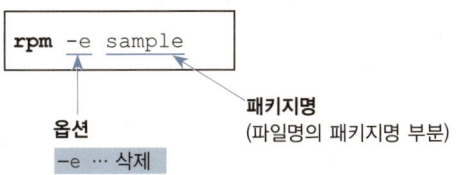

```
rpm -e sample
```

옵션 / 패키지명 (파일명의 패키지명 부분)

-e … 삭제

## ≫ 설치 상태 확인

다음과 같이 하면 RPM 형식으로 설치된 패키지 파일을 조사할 수 있다.

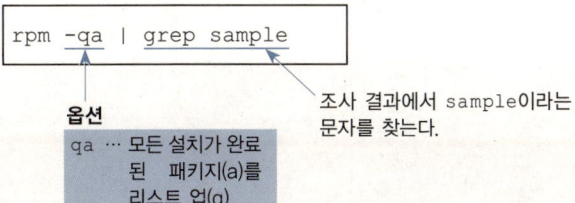

```
rpm -qa | grep sample
```

옵션 / 조사 결과에서 sample이라는 문자를 찾는다.

qa … 모든 설치가 완료된 패키지(a)를 리스트 업(q)

패키지 관리 시스템 **145**

# dnf에 의한 업데이트

CentOS 8에서 사용되고 있는 dnf라는 패키지 관리 시스템을 사용한 업데이트(갱신) 방법을 소개한다.

## dnf란

**dnf**(Dandified Yum)는 네트워크를 통한 RPM용 패키지 파일의 업데이트(갱신) 정보를 검색하여 필요에 따라 업데이트하는 시스템이다.

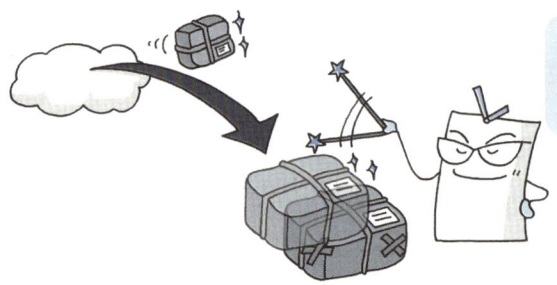

> 의존 관계가 있는 패키지도 찾아서 한꺼번에 설치합니다.

## dnf 명령

dnf 시스템을 이용하려면 **dnf** 명령을 사용한다.

### ≫ 업데이트 정보 확인
업데이트 정보를 확인하려면 **check-update** 옵션을 사용한다.

```
dnf check-update
```

```
sample02.i386         1.1.0         updates-released
sample03.i386         0.1.3         updates-released
  패키지명   CPU 계통    버전        업데이트 유무(released=릴리스
                                                 완료)
```

## ≫ 업데이트

업데이트를 하려면 **update** 옵션을 사용한다.

```
dnf update sample02 sample03
```

패키지명
여러 개를 지정할 경우에는 반각 스페이스로 구분한다. 지정하지 않으면 갱신 가능한 모든 패키지가 대상이 된다.

```
    :
Updating:
 sample02              i386        1.1.0           updates-released   256 k
 sample03              i386        0.1.3           updates-released   128 k
    :
Total download size: 384 k      ← 파일 크기의 합계
Is this ok [y/N]: y             ← 이 내용으로 실행할지 확인
    :
```

파일 크기

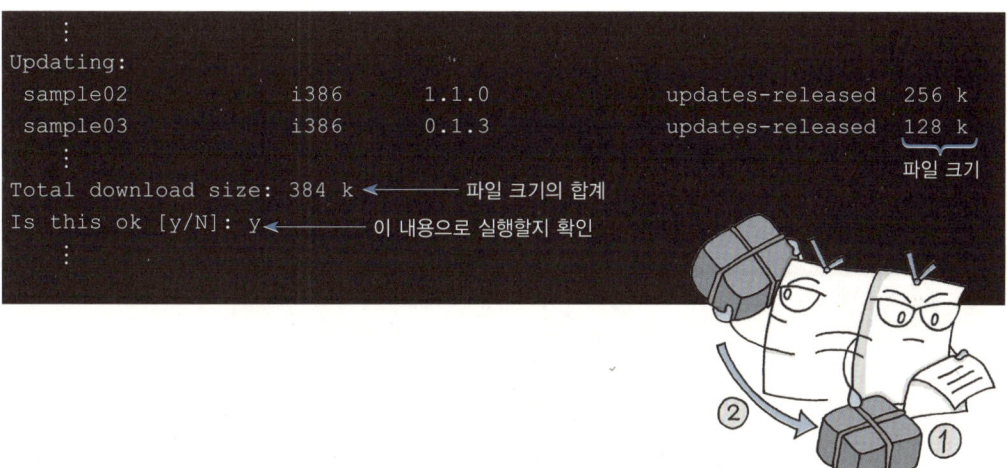

## ≫ 설치와 삭제

설치하려면 **install** 옵션을 사용한다.

```
dnf install sample03
```

패키지명
여러 개를 지정할 경우는 반각 스페이스로 구분한다.

삭제하려면 **remove** 옵션을 사용한다. 의존 관계가 있는 패키지도 함께 삭제할지를 확인하는 메시지가 표시된다.

```
dnf remove sample03
```

패키지명
여러 개를 지정할 경우는 반각 스페이스로 구분한다.

> **memo**
>
> **Yum(Yellow dog Updater, Modified)**
> dnf의 전신인 명령어로 yum이 있다. dnf는 yum과 호환성을 유지하면서 안정성과 속도를 향상시켰다. yum 명령 조작은 dnf와 거의 같다.

# 로그 관리

시스템 관리 기록에 대해서 알아보자.

## 시스템의 로그

정상적으로 작동하고 있음을 나타내는 정보나 오류, 트러블 정보는 **로그**(기록)로 **로그 파일**에 남겨진다. 소프트웨어가 정상적으로 작동하지 않는 등의 장애가 발생했을 때는 로그를 확인하고 원인을 찾는다.

로그 파일은 텍스트인 경우와 바이너리인 경우가 있습니다.

## 로그 파일의 종류

로그 파일은 /var/log 등의 디렉터리에 저장된다(장소는 다를 수 있다). 주요 로그 파일에 대해서는 /etc/system.conf에 보관 장소와 기록할 내용이 정의되어 있다.

**Linux의 대표적인 로그 파일(CentOS 8의 경우)**

| 로그 파일 | 역할 |
| --- | --- |
| /var/log/boot.log | 커널 시작 시의 기록 |
| /var/log/cron | cron의 처리와 관련된 기록 |
| /var/log/lastlog | 마지막의 로그인 기록 |
| /var/log/messages | 시스템 전체의 기록 |
| /var/log/secure | 인증과 관련된 기록 |
| /var/log/wtmp | 로그인 기록 |

# 로그 파일의 정기 관리

**logrotate**는 점점 커지는 로그 파일을 정기적으로 파일에 백업하기 위한 프로그램이다.

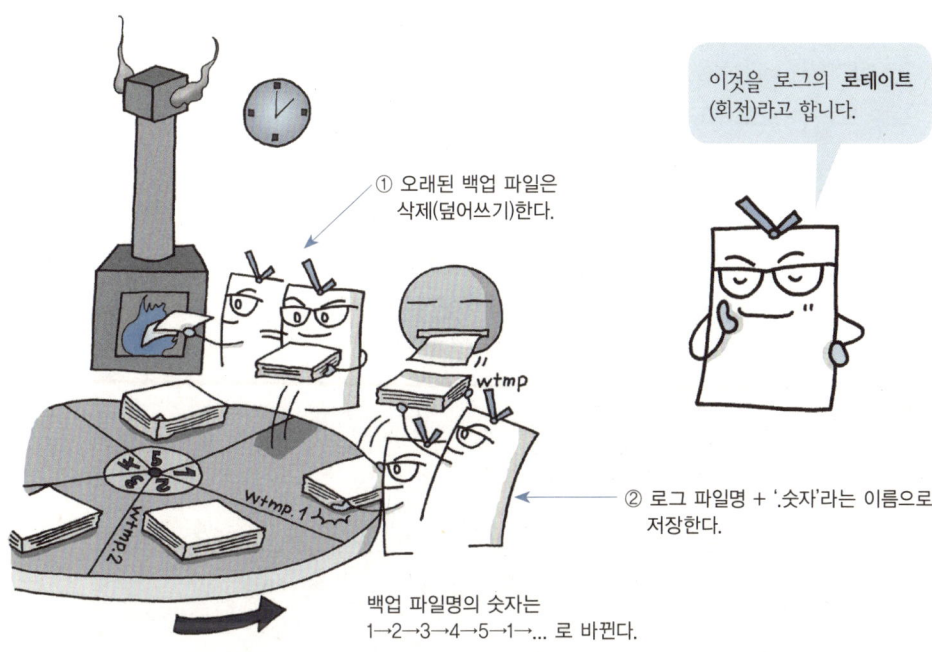

백업 타이밍이나 남겨 둘 파일의 수 등을 **/etc/logrorate.conf** 파일에서 설정할 수 있다.

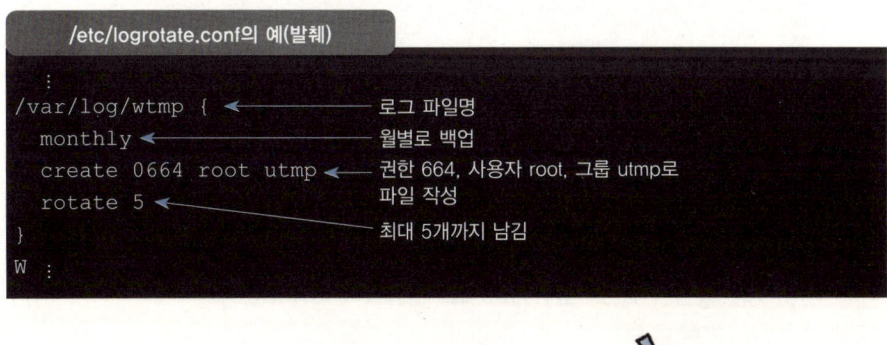

로그 파일별 설정 파일은 /etc/logrotate.d 디렉터리에도 있습니다.

## COLUMN

## VNC

VNC(Virtual Network Computing)는 컴퓨터 데스크톱 환경을 원격조작하기 위한 프로토콜 또는 소프트웨어를 말한다. 원격 조작 프로토콜로는 SSH가 있지만 로그인 후의 조작은 CUI로 실행한다. 반면에 VNC는 접속한 곳의 GUI 환경을 그대로 이용할 수 있는 것이 특징이다. 데스크톱을 이용할 수 있으므로 SSH보다 세밀한 조작이 가능하다.

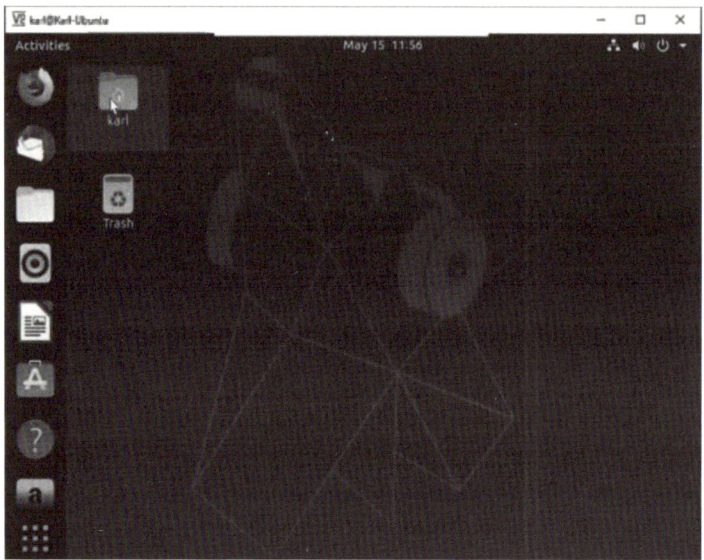

Windows10에서 Ubuntu VNC 서버에 접속한 모습

VNC를 사용해 조작하는 측을 **VNC 클라이언트**, 조작되는 측을 **VNC 서버**라고 한다. 서버와 클라이언트의 OS는 달라도 상관없다. VNC는 오픈 소스로 누구나 자유롭게 사용할 수 있기 때문에 Windows나 Linux를 비롯해 다양한 OS에서 이용할 수 있도록 개발이 진행되고 있다. 스마트폰용 VNC 클라이언트도 개발되어 스마트폰에서 PC의 VNC 서버를 이용할 수 있게 되었다.

VNC를 사용하면 네트워크만 연결되어 있으면 기본적으로 어디서든 접속할 수 있다. 그러나 저속 회선에서는 이용 속도 등에 영향을 받을 수도 있고 환경에 따라서는 VNC의 사용이 금지되어 있는 경우도 있다.

# 9 부록

# 가상환경 설치

Windows상에서 Linux를 작동시키기 위해서는 가상환경이 편리하다.
한 예로 Oracle VM VirtulBox를 설치하면서 가상환경에 대해 알아보자.

## 🔓 인스톨러 다운로드

공식 사이트(https://www.virtualbox.org/)에 접속해 왼쪽 컬럼에 있는 [Downloads] 링크를 클릭하여 최신 [Windows hosts]에서 인스톨러를 다운로드한다.

## 🔓 인스톨러 부팅

다운로드한 파일을 실행하면 설치가 시작되므로 〈Next〉 버튼을 클릭한다.

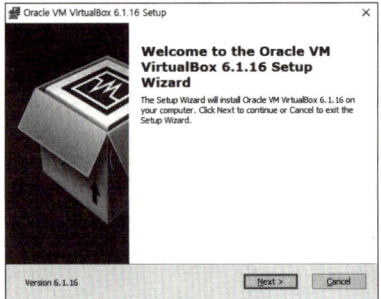

## 🔓 구성과 설치 대상 선택

설치 구성과 설치 대상을 선택하는 화면이 나타나면 보통은 그대로 〈Next〉 버튼을 클릭해도 된다.

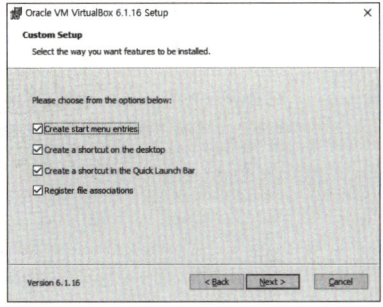

다음에 표시된 Custom Setup 화면에서도 마찬가지로 〈Next〉 버튼을 클릭한다.

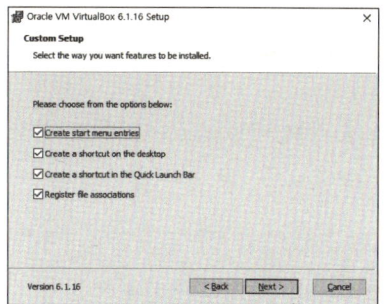

## 네트워크 인터페이스에 대한 주의 화면

설치 중에 네트워크 접속이 초기화되어 일시적으로 중단되는 것에 대한 주의 화면이 표시된다. 〈Yes〉 버튼을 클릭하고 진행하자.

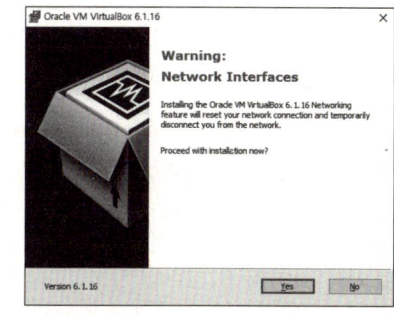

## 설치

Ready to Install 화면이 나오면 〈Install〉 버튼을 클릭하여 설치를 한다.
도중에 USB 드라이버 설치를 확인하는 화면이 나오면 〈Install〉 버튼을 클릭한다.

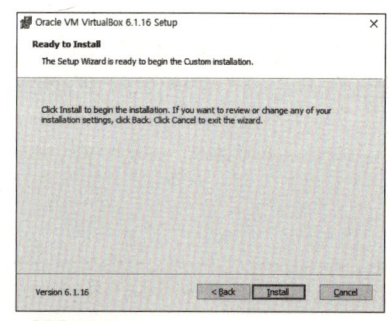

설치가 완료되면 〈Finish〉 버튼을 클릭하고 Oracle VM VirtualBox 매니저를 부팅한다.

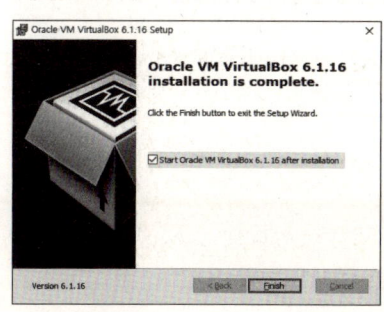

가상환경 설치 **153**

## 새로운 가상 머신 만들기

Oracle VM VirtualBox 매니저 시작 화면에서 〈새로 만들기〉 버튼을 클릭해 가상 머신을 추가한다.

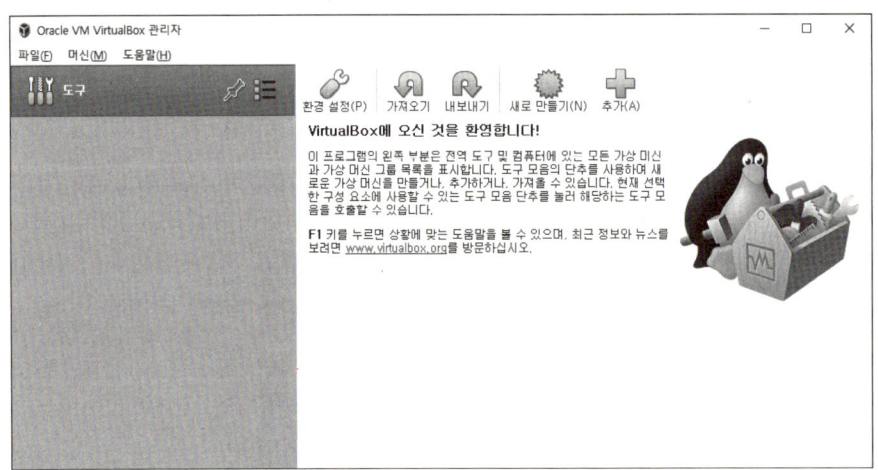

가상 머신 작성 화면에서는 이름에 CentOS나 Ubuntu 등을 입력하면 디스트리뷰션에 따라 설정이 진행되므로 그것을 이용한다. 머신 폴더도 설정할 수 있으므로 그것을 이용한다. 머신 폴더 설정을 마치면 〈다음〉 버튼을 클릭한다.

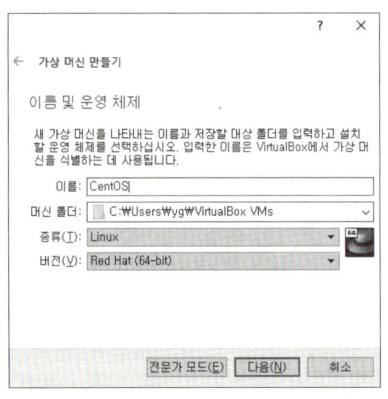

메모리 크기는 표시된 값보다 큰 값을 선택한(4000MB 정도가 무난하다) 후 〈다음〉을 클릭한다.

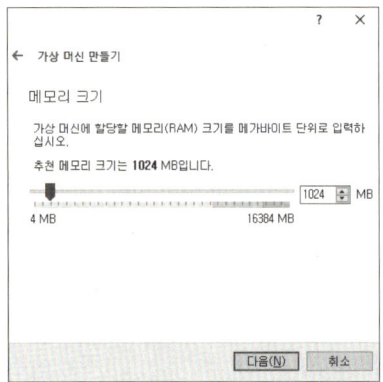

다음으로 가상 하드 디스크에 대해 묻는 화면이 나오면 [지금 새 가상 하드 디스크 만들기]를 선택하고 〈만들기〉 버튼을 클릭한다. 계속해서 표시되는 화면에서는
- 하드 디스크 파일 종류 : VDI
- 물리적 하드 드라이브에 저장 : 동적 할당
- 파일 위치 및 크기 : 디폴트값 또는 사용자 임의의 파일 위치·크기

를 선택하고 마지막으로 〈만들기〉를 클릭하면 가상 머신이 작성된다.

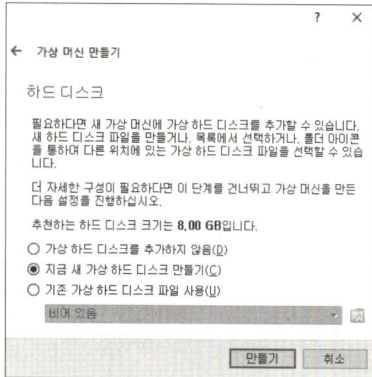

## 가상 머신 시작

Oracle VM VirtualBox 매니저의 시작 화면에 앞에서 작성한 가상 머신이 표시되어 있다. 가상 머신을 선택하고 〈시작〉 버튼을 클릭하면 가상 머신이 시작한다.

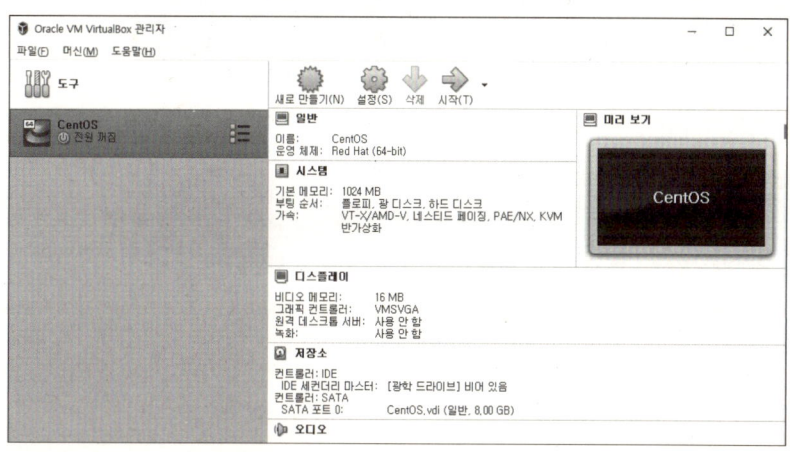

가상 머신에는 아직 OS가 설치되어 있지 않기 때문에 표시된 [시동 하드 디스크]를 선택 화면에서 왼쪽 아래에 있는 폴더 아이콘을 클릭하여 OS 설치용 ISO 이미지(156쪽 또는 164쪽에서 설명)를 선택한 후 〈시작〉 버튼을 클릭한다.

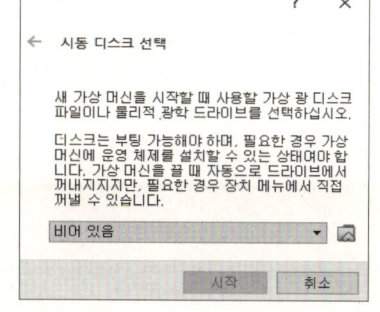

# CentOS 8 설치

CentOS 8의 설치 포인트를 소개한다.

##  ISO 이미지 다운로드

공식 사이트(https://www.centos.org)에 접속해 상단의 [Download]를 클릭한다.

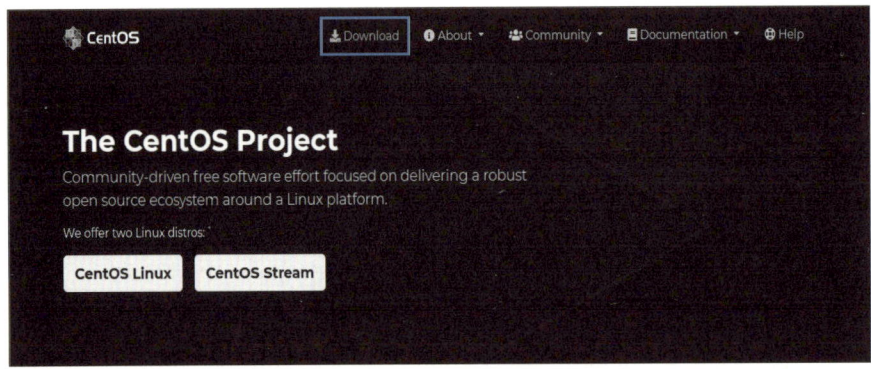

나타내는 화면에서 [x86_64]를 클릭한다.

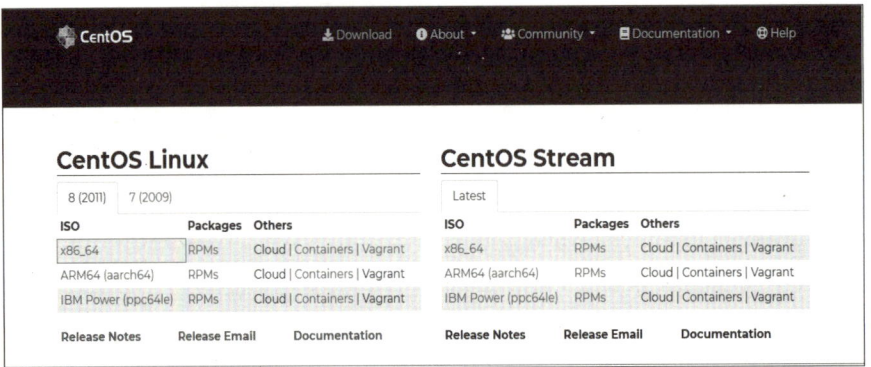

여러 개 링크 중 원하는 다운로드 링크를 선택해 .iso 이미지를 다운로드받는다.

##  DVD 미디어 준비

PC를 비롯해 실제로 하드웨어에 설치할 때는 DVD-R 등의 미디어에 써 둘 필요가 있다. 사용하는 DVD 쓰기 애플리케이션의 매뉴얼 등을 참고하여 설치용 미디어를 작성한다.

가상 머신은 미디어를 준비할 필요가 없습니다.

##  설치 시작

실제 하드웨어에서는 설치 미디어를 드라이브에 넣고, 가상 머신에서는 부팅 디스크로 iso 미디어를 선택하여 머신을 시작한다. 설치 방법을 선택하는 화면이 나오므로 ⓘ 키를 누른 후 [Enter] 키를 누르고 설치를 진행한다.

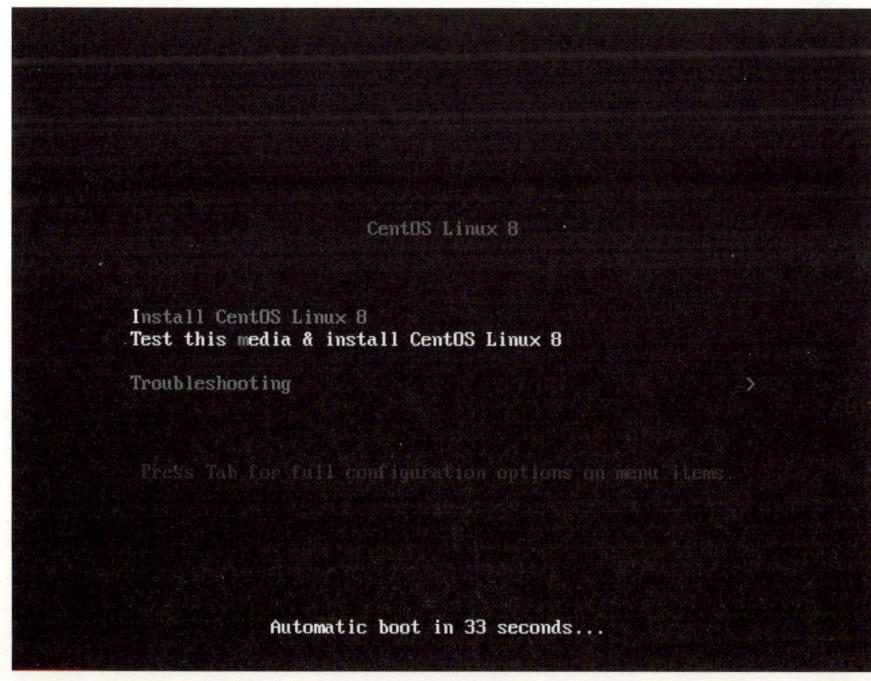

언어 선택

언어 선택 화면이 나오면 [한국어]를 선택하고 〈계속 진행〉 버튼을 클릭한다.

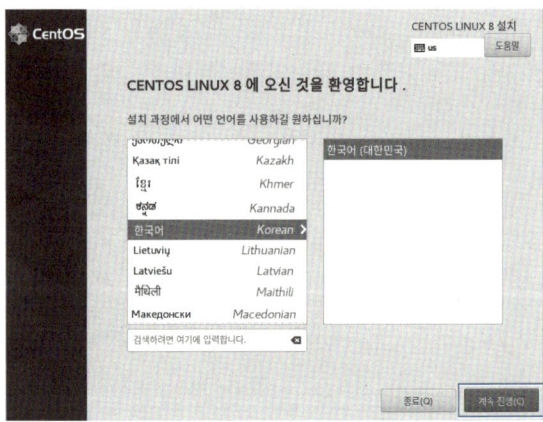

 설치 대상 디스크의 설정

설치 개요 화면이 나타나면 [설치 대상] 버튼을 클릭한다.

가상환경에서는 화면의 크기가 맞지 않아 버튼이 삐져 나올 수가 있지만 문제는 없습니다.

설치 대상 스토리지가 선택되는 것을 확인할 수 있다.

저장소 구성의 '오토매틱과 추가 공간을 사용할 수 있게 합니다.'가 선택되어 있는 것을 확인한 후 왼쪽 상단의 〈완료〉 버튼을 클릭하고 개요 화면에서 〈설치 시작〉을 클릭한다.

## 설치 중에 할 일

설치하는 데는 시간이 걸리기 때문에 표시된 버튼을 클릭하고 root 비밀번호 작성과 사용자 생성을 설정해 둔다.

### ≫root 비밀번호 작성

root 비밀번호를 입력하고 〈완료〉 버튼을 클릭한다.

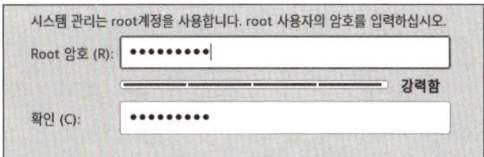

### ≫사용자 생성

마찬가지로 사용자명, 비밀번호 등을 입력하고 [이 사용자를 관리자로 설정]에 체크하고 〈완료〉 버튼을 클릭한다.

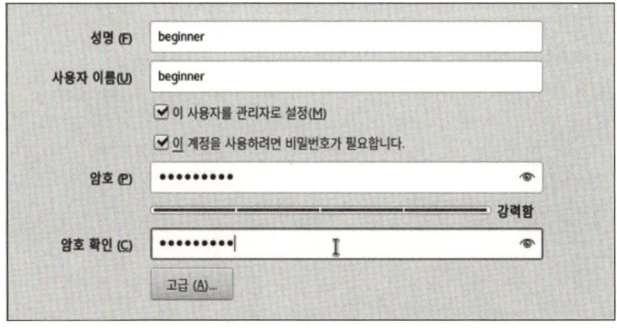

### ≫설치 완료

설치가 완료되면 〈재부팅〉 버튼이 표시되므로 클릭하고 재시작한다. 이때 설치에 사용한 DVD 미디어는 꺼내둔다. VirtualBox의 경우는 가상 머신 창의 메뉴에서 디바이스 → 광학 드라이브 → 가상 드라이브 → 디스크를 제거를 선택하고 재시작한다.

# 라이선스

재시작 후 [License Information] 버튼이 표시되면
클릭한다.

라이선스를 확인하고 문제가 없다면 [라이선스에 동의합니다]에 체크하고, 〈완료〉 버튼을 클릭한다. 마지막에 〈설정 완료〉 버튼을 클릭하면 CentOS가 기동한다.

# GUI를 비활성화/활성화한다

## ≫ GUI를 비활성화한다

초기화 화면은 GUI 화면으로 되어 있다. GUI를 비활성화하려면 현재 활동 메뉴에서 단말을 시작하고 아래의 명령어를 입력한다.

```
sudo systemctl disable gdm
```

일단 가상 머신의 전원을 껐다가 재시작하면 명령 행에서 시작한다.

## ≫ GUI 를 활성화한다

GUI를 활성화하려면 콘솔에 로그인하여 아래의 명령을 입력한다.

```
sudo systemctl enable gdm
```

아래 명령을 입력하여 재시작하면 GUI가 활성화된다.

```
sudo reboot
```

# CentOS에서 한국어 입력하기

한글이 설치되어 있지 않을 때 적용 순서에 대해 설명한다.

## 한글 입력의 다운로드와 설치

CentOS 8 설치 직후 한글(Hangul)이라는 소프트웨어가 설치되는데, 만약 설치되어 있지 않으면 아래의 방법으로 소프트웨어를 설치한 후, [Shift]+[Space] 키로 영어에서 한글로 전환해서 키보드를 사용할 수 있다. 소프트웨어 설치부터 알아본다.

검색창에 ibus-hangul이라고 입력한다. Hangul이 나오면 클릭한다.

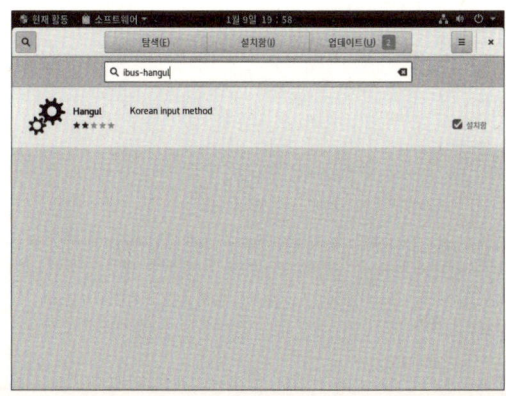

설치 버튼을 누르면 설치가 실행된다.

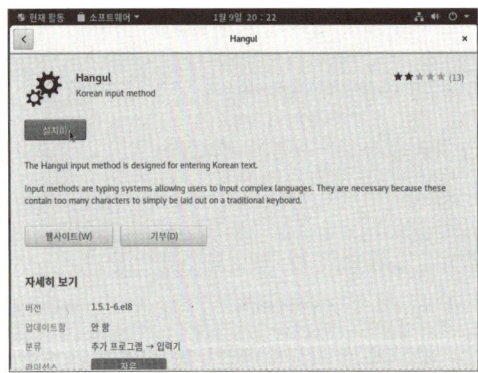

설치 도중에 관리자의 비밀번호 입력을 요구하면 입력한다.

설치가 실행된다. 설치가 완료되면 반드시 OS를 재기동한다.

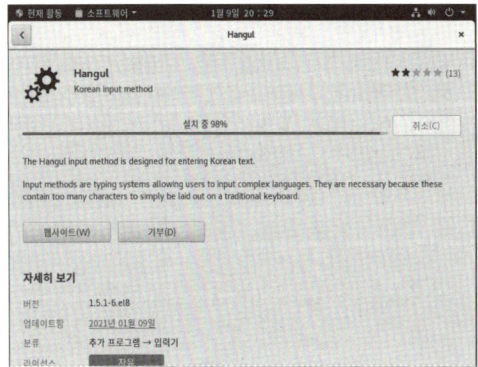

## 한국어 입력 추가

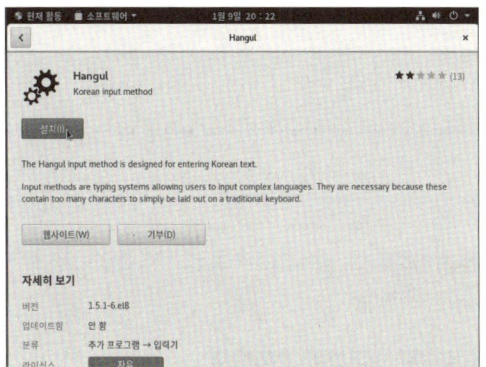

설정에서 지역과 언어를 선택한다.
입력 소스의 +버튼을 눌러 입력 소스의 추가 화면을 기동한다.

한국어를 선택하여 '한국어(Hangul)'를 선택하고 추가 버튼을 누른다.

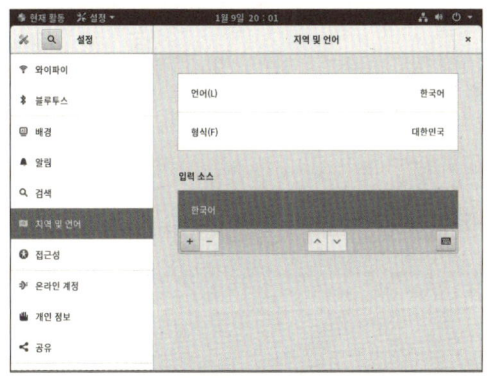 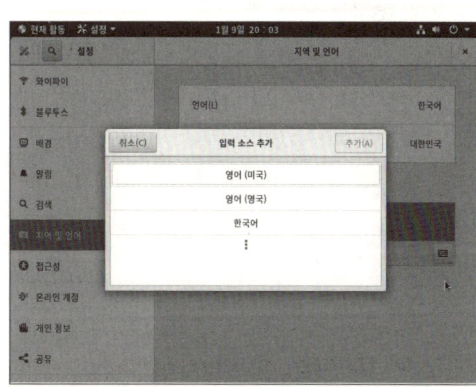

입력 소스의 한국어는 – 버튼으로 제거한다. 이후 [Shift]+[Space] 키로 한/영 전환이 가능하다.

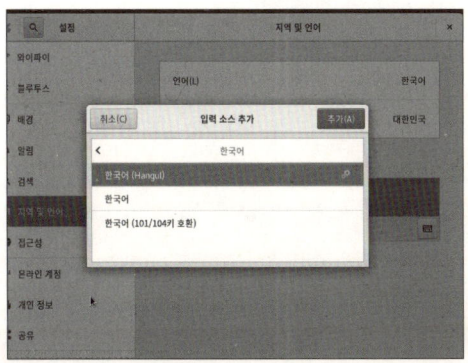

CentOS에서 한국어 입력하기  163

# Ubuntu 설치

Ubuntu의 설치 포인트를 소개한다.

 **iso 이미지 다운로드**

공식 사이트(http://ubuntu.com/download/desktop)에 접속해 〈다운로드〉 버튼을 클릭하면 다운로드가 시작된다(이하 20.04.01 LTS를 예로 설명한다).

 **설치**

다운로드가 완료되면 CentOS와 마찬가지로 필요에 따라 미디어 준비를 하고, 설치를 시작한다.

## ≫ 한국어 선택
한국어를 선택하고 〈Ubuntu 설치〉 버튼을 클릭한다.

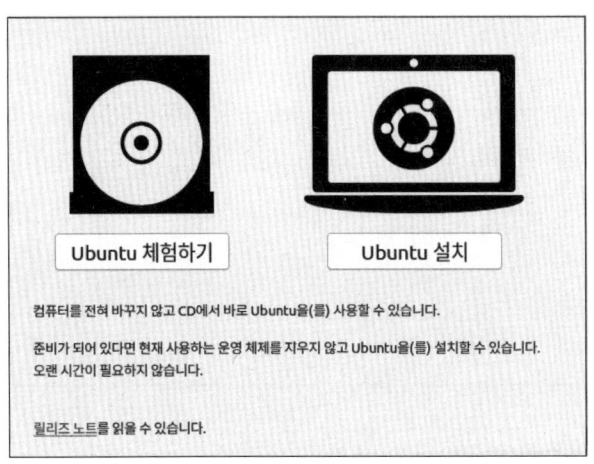

키보드 레이아웃에는 한국어가 선택되어 있을 것이므로 〈계속〉 버튼을 클릭한다.

## ≫ GUI 를 활성화한다
이미 선택되어 있는 내용으로 진행해도 되므로 〈계속〉 버튼을 클릭한다.

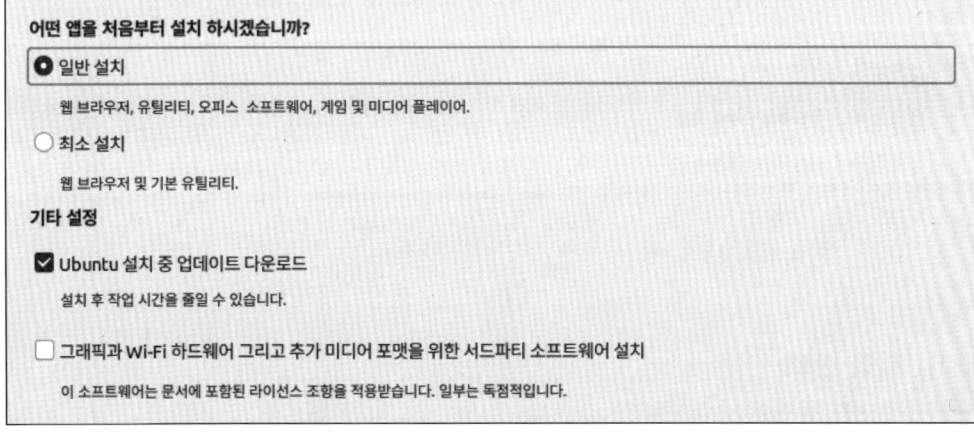

### ≫ 디스크 설정

이미 선택되어 있는 내용으로 진행해도 되므로 〈설치〉 버튼을 클릭한다.

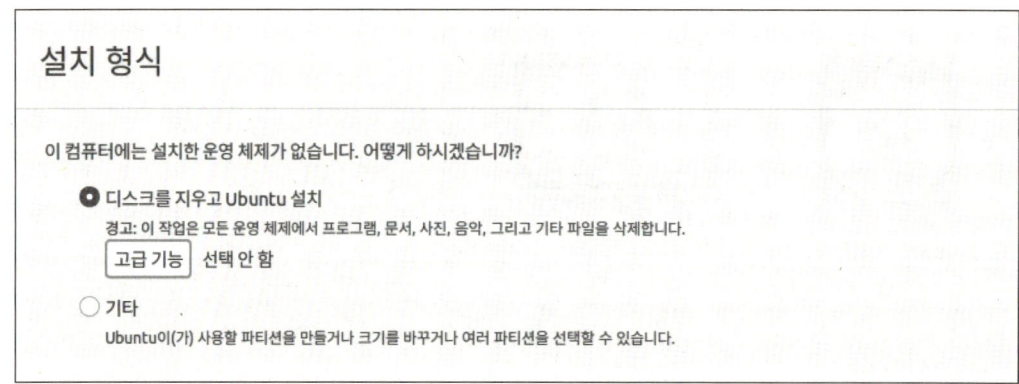

또한 확인 다이얼로그가 나오면 〈계속〉 버튼을 클릭한다.

### ≫ 사용자 추가

사용자명과 비밀번호 등을 입력하고 〈계속〉 버튼을 클릭한다.

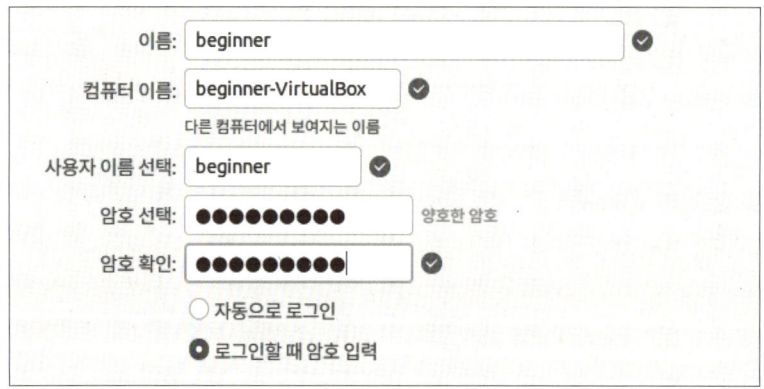

### ≫ 국가, 지역 선택

국가와 지역 선택 화면이 나타나면 〈Seoul〉을 선택하고 〈계속〉 버튼을 클릭한다.

# 설치 완료

설치가 완료되면 [지금 바로 재기동한다] 버튼을 클릭하여 재시작한다. 재시작하면 설치 미디어로 설정되었는지 확인하는 화면이 나타나므로 Enter 키를 누른다.

# GUI를 비활성화/활성화한다

## ≫ GUI를 비활성화한다

초기화 화면은 GUI 화면으로 되어 있다. GUI를 비활성화하려면 액티비티 메뉴에서 단말을 시작하여 아래의 명령어를 입력한다.

```
sudo systemctl set-default multi-user.target
```

재시작하면 명령 행으로 시작한다.

## ≫ GUI 를 활성화한다

GUI를 활성화하려면 콘솔에 로그인하여 아래의 명령을 입력한다.

```
sudo systemctl set-defalt graphical.target
```

아래 명령을 입력해 재시작하면 GUI가 활성화된다.

```
sudo reboot
```

# 드라이브 마운트

Linux 파일 시스템에서 중요한 마운트 처리에 대해서 소개한다.

 **마운트란**

**마운트**란 하드 디스크나 CD-ROM(DVD-ROM), 플로피 디스크 등의 드라이브를 이용하기 위한 장치이다. Linux 시스템에서는 개별 드라이브라는 개념은 없으며, 모두 루트 디렉터리에 접속(마운트)된 디렉터리로 취급된다.

드라이브는 마운트하지 않으면 사용할 수 없습니다.

 **mount 명령**

마운트에는 **mount** 명령을 사용한다. 필요에 따라 접속하는 드라이브의 **파일 시스템 종류**와 **디바이스 파일**(드라이버) 그리고 **마운트 포인트**(트리에 접속하는 장소)를 지정한다. 이 명령은 원칙적으로 관리자만 사용할 수 있다.

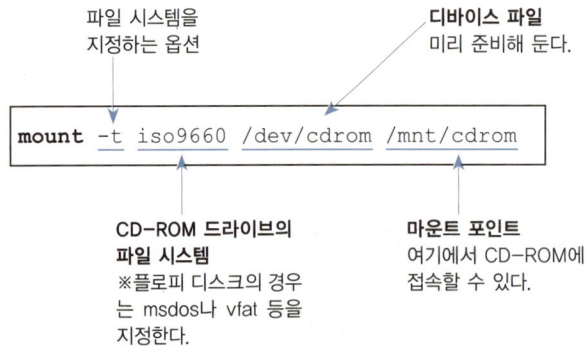

마운트 포인트는 미리 작성해 두어야 한다. 상단의 예를 들면 /mnt/cdrom이라는 디렉터리가 존재해야 한다.

실제로 마운트를 해보자.

```
[root@localhost /]# mount -t iso9660 /dev/cdrom /mnt/cdrom
mount: block device /dev/cdrom is write-protected, mounting read-only
[root@localhost /]# ls /mnt/cdrom
Program      README      autorun
```
← 마운트되었는지 확인      ← 마운트

이 예에서는 'CD-ROM 드라이브의 디바이스에 쓰기를 할 수 없기 때문에 읽기만(read-only)으로 접속한다'라는 메시지가 표시되어 있다. 계속해서 ls 명령으로 내용을 참조할 수 있으므로 문제 없이 마운트된 것을 확인할 수 있다.

## umount 명령

마운트를 삭제(해제)하는 것을 **언마운트**라고 한다. 언마운트를 하기 위한 **umount** 명령을 살펴보자. CD-ROM과 같은 이동식 미디어는 참조 중 문제 등을 방지하기 위해 언마운트를 한 후 미디어를 꺼낸다.

```
umount /mnt/cdrom
```

**마운트 포인트**
언마운트하려는 마운트 포인트를 지정한다. 디바이스 파일(/dev/cdrom)도 지정할 수 있다.

```
[root@localhost /]# umount /mnt/cdrom     ← 언마운트
[root@localhost /]# ls /mnt/cdrom          ← 언마운트
[root@localhost /]#                          되었는지 확인
```

ls 명령으로 내용을 참조할 수 없게 되어 언마운트된 것을 확인할 수 있다.
또한 언마운트 가능한 것은 그 디렉터리가 사용되지 않는 상태일 때뿐이다. 디렉터리를 참조하고 있는 프로세스가 있는 경우는 언마운트할 수 없다.

### ≫ GUI 환경에서는

GUI 환경에서는 마우스 조작으로 마운트, 언마운트를 실행할 수 있다. 미디어를 드라이브에 넣으면 자동인식이 되는 경우도 있지만 Linux의 기본은 마운트와 언마운트인 것을 잊지 않도록 하자.

# 주요 파일 형식

UNIX에서 사용되는 주요 파일 형식을 알아본다.

≫ **BMP 형식(.bmp)** … 바이너리 형식
일반적인 비트맵 이미지 파일이다.

≫ **Comma-separated Values 형식(.csv)** … 텍스트 형식
,(콤마) 등의 구분된 문자로 파일을 구분하여 한 줄에 하나의 레코드를 나타내는 데이터 파일이다.

≫ **DAT 형식(.dat)** … 텍스트 형식
데이터 저장용 파일이다.

≫ **Document 형식(.doc)** … 텍스트 형식
문서 저장용 파일이다. Microsoft Word의 파일도 같은 확장자를 사용하고 있는데, 이것은 서식 데이터를 포함하는 바이너리 데이터(binary data)로 되어 있다.

≫ **EPS 형식(.eps)** … 텍스트 또는 바이너리 형식
PostScript에서 사용하는 이미지 파일이다.

≫ **GZip 형식(.gz)** … 바이너리 형식
GNU Zip에서 사용하는 압축 파일이다. 명령 행에서 'gzip -d sample.gz'라고 입력하면 압축을 풀 수 있다.

≫ **JPEG 형식(.jpg/.jpeg)** … 바이너리 형식
비가역 압축 이미지 파일이다.

≫ **JavaScript Object Notation(.json)** … 텍스트 형식
사람이 읽고 쓰기가 용이하고 컴퓨터도 이해하기 쉬운 데이터 형식이다.

≫ **LOG 형식(.log)** … 텍스트 형식
로그를 저장하기 위한 파일이다.

≫ **MPEG-1 Audio Layer-3 형식(.mp3)** … 바이너리 형식
비가역 압축 사운드 파일이다.

≫ **MPEG-4 Part14 형식(.mp4)** … 바이너리 형식
다양한 사운드 및 동영상을 기록하기 위한 파일이다.

≫ **MPEG 형식(.mpg/.mpeg)** … 바이너리 형식
비가역 압축 동영상 파일이다.

≫ **PDF 형식(.pdf)** … 바이너리 형식
Adobe Acrobat에서 사용하는 문서 파일이다.

≫ **Portable Network Graphics 형식(.png)** … 바이너리 형식
이미지 파일이다.

≫ **PostScript 형식(.ps)** … 텍스트 또는 바이너리 형식
PostScript에서 사용하는 문서 파일이다.

≫ **Scalable Vector Graphics 형식(.svg)** … 텍스트 형식
벡터 형식의 이미지 파일이다.

≫ **Shell 형식(.sh)** … 텍스트 형식
쉘 스크립트 파일이다.

≫ **TAR 형식(.tar)** … 바이너리 형식
TAR에서 사용하는 아카이브 파일이다. 명령 행에서 'tar xvf sample.tar'라고 입력하면 압축을 풀 수 있다. 옵션(z)으로 gzip 기능을 사용할 수 있는데, 그 경우는 .tar.gz라는 확장자가 된다(20쪽 참조).

≫ **Z 형식(.z)** … 바이너리 형식
compress 명령에서 사용하는 압축 파일이다. 명령 행에서 'uncompress sample.z'라고 입력하면 압축을 풀 수 있다.

확장자는 파일을 다른 OS에서 인식시키기 위해 꼭 붙여두세요.

# 주요 디스트리뷰션

주요 디스트리뷰션의 입수 방법을 소개한다.

## 🔓 Red Hat 계열

Red Hat에서 파생된 주요한 디스트리뷰션이다.

### ❯❯ Red Hat Enterprise Linux

이 계통의 원조이다. 이전에는 Red Hat Linux라고 해서 무상 배포했으나 Red Hat Linux 9 이후 Red Hat Enterprise Linux로 유상 배포한다.

```
https://www.redhat.com/ko
```

### ❯❯ CentOS

Red Hat Enterprise Linux와 호환되는 프리 디스트리뷰션이다. Red Hat사에서 개발을 지원하고 있다.

```
https://www.centos.org
```

다양한 클라우드 서비스도 채택되고 있습니다.

### ❯❯ Fedora

Red Hat Linux 9 이후 무상 배포가 가능한 디스트리뷰션으로 시작하였다.

```
https://getfedora.org/ko
```

Fedora는 6개월마다 갱신됩니다.

### ❯❯ Scientific Linux

Red Hat Enterprise Linux에서 파생된 디스트리뷰션의 하나이다. 미국의 페르미국립가속기연구소에서 개발하였다.

```
https://www.scientificlinux.org
```

##  Debian 계열

SLS Linux(Linux로는 처음으로 설치 환경을 패키지로 제공한 디스트리뷰션)를 루트로 갖는 계열이다.

### ≫ Ubuntu
현재 가장 널리 사용되는 디스트리뷰션 중 하나이다. 6개월마다 갱신되며 5년간 보안 업데이트가 제공되는 장기 지원(LTS) 버전도 있다.

```
https://ubuntu.com
```

### ≫ Debian GNU/Linux
무상 공개되는 디스트리뷰션이다. deb라고 하는 독자적인 패키지를 관리하고 있으며, Ubuntu 등 몇몇 파생 디스트리뷰션의 기초가 되고 있다.

```
https://www.debian.org
```

### ≫ Raspbian
Debian을 기반으로 하며 Raspberry Pi라는 소형 컴퓨터를 위해 만들어진 디스트리뷰션이다.

```
https://www.raspberrypi.org/downloads/raspbian
```

Raspberry Pi는 IoT 분야에서 인기가 있습니다.

## 그 외

### ≫ openSUSE
독일에서 개발된 프리 디스트리뷰션으로, 상용판 SUSE Linux Enterprise의 소스 코드를 이용하고 있다.

```
https://www.opensuse.org
```

##  BSD 계열(오픈 소스 Unix OS)

Linux는 아니지만 Linux에 영향을 미친 OS인 Unix 중에서 BSD(Barkeley Software Distribution) 계열에 대해서도 소개한다. BSD 계열의 오픈 소스 Linux에는 다음과 같은 것이 있다.

### ≫ FreeBSD
BSD 계열 UNIX 중에서 일반 사용자에게 가장 널리 알려져 있는 OS이다. 웹 서버로도 많이 이용되고 있다.

```
https://www.freebsd.org
```

### ≫ NetBSD
이식성이 높고 많은 하드웨어 지원을 목표로 개발된 OS이다. 새로운 기능도 적극적으로 채택하고 있다.

```
http://www.netbsd.org
```

### ≫ OpenBSD
NetBSD의 개발 멤버 중 일부가 개발한 OS이다. 보안성이 높은 것이 특징이다.

```
https://www.openbsd.org
```

### ≫ Darwin
Apple사에서 개발한 BSD Unix OS이다. macOS나 iOS 등의 기초가 되고 있다.

```
https://opensource.apple.com
```

##  Linux에서 파생한 OS

Linux에서 파생한 다양한 OS가 있다.

### ≫ Android

Google사에서 개발한 OS이다. 스마트폰이나 태블릿으로 작동하고, 세계에서 점유율이 가장 높은 모바일 OS이다.
보통은 각 단말기 제조사에 따라 커스터마이즈되어 있으나 표준 Android는 오픈 소스이기 때문에 소스 코드 입수가 가능하다.

```
https://www.android.com
https://android.googlesource.com
```

액티브 사용자 수는 수십억 명에 달합니다.

# 정규 표현

grep 명령 등에서 사용되는 정규 표현의 기본 개념과 메타 문자에 대해 소개한다.

##  정규 표현이란

**정규 표현**이란 여러 개의 문자열을 하나의 추상적인 형태로 표현하기 위한 규칙이다. 검색이나 대체 명령 등과 함께 자주 사용된다. 제2장에서 소개한 와일드카드와 같이 애매한 표현으로 문자열을 지정하여 검색 정확도를 높일 수 있다.

> 원래 UNIX에서 이용하던 것인데, 지금은 여러 곳에서 이용할 수 있습니다.

##  공통 규칙을 찾아낸다

정규 표현을 사용하려면 먼저 여러 개의 문자열에 공통된 규칙을 찾아야 한다. 예를 들어 이 책을 포함한 그림책 시리즈는 모두 「○○가 보이는 그림책」으로 되어 있는데, '가 보이는 그림책'이라는 문구가 공통으로 들어가 있다. 따라서 도서관 등의 데이터베이스로 검색할 때 어미에 '~가 보이는 그림책'이 붙는 제목을 검색하면 된다. 이러한 여러 개의 문자열에 공통되는 규칙에 따른 표기를 **패턴**이라고 한다.

> 패턴과 일치하는지 알아보는 것을 패턴 매치라고 합니다

##  메타 문자

정규 표현에서는 **메타 문자**(meta character)라고 하는 특수한 의미를 가진 문자를 조합하여 문자열을 표현한다. 주요 메타 문자에 대해 간단히 소개한다.

| 메타 문자 | 의미 | 표기 예 | 해당하는 문자열 |
|---|---|---|---|
| | | | 해당하지 않는 문자열 |
| . | 임의의 한 문자를 나타낸다. | Vitamin . | Vitamin A |
| | | | Vitamin B6, Vitamin |
| [ ] | [ ] 안의 문자 중 어느 한 문자를 나타낸다. 연속하는 문자열은 -로 바꿀 수 있다. | PC[12345], PC[1-5] (같은 의미이다) | PC1, PC2, PC3, PC4, PC5 |
| | | | PC6, PC7 |
| * | 바로 앞의 한 문자의 0회 이상의 반복. 문자열이 없는 공백도 카운트한다. | 1a*2 | 12, 1a2, 1aa2 |
| | | | 1, 1a |
| + | 바로 앞 한 문자의 1회 이상 반복 | b+ | b, bb, bbbbbbb |
| | | | bc |
| ? | 바로 앞 한 문자의 0회 또는 1회 반복 | 100? | 100, 1000 |
| | | | 101, 109 |
| ₩{n₩} | 바로 앞의 문자가 n회 반복되는 문자열 (n은 255 이하) | [0-9]₩{5₩} | 12345 |
| | | | 123 |
| A₩{n,m₩} | A 또는 n회 이상 m회 이하(m은 생략 가능) 반복되는 문자열(n과 m은 255 이하) | [a-z]₩{1,5₩} | abcde |
| | | | abcdefg |
| A|B | A 또는 B의 문자열(2개 이상의 문자열도 지정 가능) | chibi|sham | chibi 또는 sham |
| | | | 상기 이외의 것 |
| ^ | 맨 앞의 문자를 나타낸다. | ^abc | abcd, abc321 |
| | | | aabc, sabc |
| $ | 맨 끝의 문자를 나타낸다. | xyz$ | 123xyz |
| | | | xyz999 |
| [^] | [ ] 안의 어느 것에도 해당되지 않는 한 문자를 나타낸다. | [^0-9] | a, z |
| | | | 1, 9 |
| ( ) | 문자열을 그룹화한다. | (abc)+d | abcd, abcabcd |
| | | | abccd |

## ≫ 메타 문자를 문자로 사용한다

메타 문자를 보통의 문자로 사용하고 싶은 경우에는 백슬래시를 사용한다. 영어 환경에서 백슬래시는 ?이지만 한국어 환경에서는 ₩가 사용된다.

정규 표현 **177**

# 그 외의 토픽

지금까지 내용에서 다루지 않은 항목에 대해 보충 및 추가 정보를 소개한다.

 **권한에 대해**

제4장에서도 소개한 바와 같이 권한은 파일과 디렉터리에 각각 설정할 수 있다. 예를 들어 파일은 모든 권한을 갖고 있다고 하면 디렉터리 권한을 변경했을 경우 파일이 받을 영향에 대해서 알아본다.

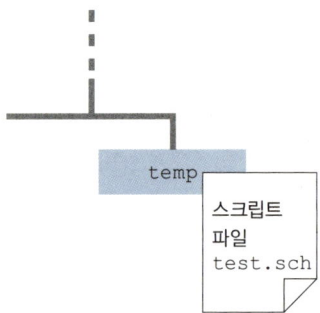

| test.sh \ temp | 읽기 권한 없음 | 쓰기 권한 없음 | 실행 권한 없음 |
|---|---|---|---|
| 읽기 | 가능 | 가능 | 불가능 |
| 쓰기 | 가능 | 가능 | 불가능 |
| 실행 | 가능 | 가능 | 불가능 |

디렉터리에 실행 권한이 없으면 안에 있는 파일에 대해서도 모든 권한이 없어진다는 점을 기억하자.

## 🔓 데몬으로부터 메일을?

메일을 사용하다 보면 발신인이 'MAILER-DAEMON…'이라고 되어 있는 메일을 받게 되는 경우가 있다. 대개의 경우는 메일 송신에 에러가 발생하여 메일 서버가 그 사실을 알리기 위해 메일을 보낸 것인데, 갑자기 그런 메일을 받으면 실제 DAEMON이라는 사람이 있다고 착각하는 사람도 있을 것이다. DAEMON은 제5장 칼럼에서도 잠깐 소개한 데몬을 말한다. 즉, 메일 서버의 프로그램이 자동으로 송신하고 있는 메일이므로 발신인에 DAEMON이라고 표기되어 있는 것이다. 그래서 이 경우 DAEMON의 메일에 답장을 보내도 의미는 없다. 어디까지나 에러 상황을 알려줄 뿐이므로 내용을 잘 읽어보고 대처하면 된다.

# Linux의 주요 명령

이 책에서 소개한 명령 중 옵션이 있는 것을 중심으로 정리하였다.

| 명령과 기능 | 서식 | 옵션 | 옵션 설명 |
|---|---|---|---|
| alias<br>● 에일리어스 작성 | alias 옵션명 (= 값) … | -p | 현재 값을 출력한다<br>※인수를 지정하지 않으면 -p와 같이 취급한다 |
| unalias<br>● 에일리어스 삭제 | unalias 옵션명 … | -a | 모든 에일리어스를 삭제한다 |
| cat<br>● 파일의 내용 표시와<br>  연결 출력 | cat 옵션 파일명 | -b | 공백 줄 이외에 줄 번호를 표시한다 |
|  | cat 옵션 파일명 1 파일명 2...<br>> 연결 후의 파일명 | -n |  |
|  |  | -s | 연속되는 빈 줄을 한 줄로 묶어 표시한다 |
|  |  | -c | 변경된 파일의 세부사항을 표시한다 |
|  |  | -f | 에러 메시지를 표시하지 않는다 |
| chgrp<br>● 소속 그룹을 변경 | chgrp 옵션 새로운 그룹명 파일명 | -h | 심볼릭 링크 자신의 그룹을 변경한다 |
|  |  | -R | 하위 디렉터리와 파일 그룹도 변경한다 |
|  |  | -v | 모든 파일의 세부사항을 표시한다 |
|  |  | -c | 변경된 파일의 세부사항을 표시한다 |
|  |  | -f | 에러 메시지를 표시하지 않는다 |
| chmod<br>● 권한 변경 | chmod 옵션 권한 파일명 | -R | 서브 디렉터리와 그 안의 파일 권한도 변경한다 |
|  |  | -v | 모든 파일의 세부사항을 표시한다 |
|  | chown 옵션 새로운 사용자명 새로운 그룹명 | -c | 변경된 파일의 세부사항을 표시한다 |
|  |  | -f | 에러 메시지를 표시하지 않는다 |
| chown<br>● 사용자와 소속<br>  그룹명 변경 |  | -h | 심볼릭 링크 자신의 사용자를 변경한다 |
|  | cp 옵션 복사 원본 파일명 복사 대상 디렉터리 | -R | 하위 디렉터리와 파일 사용자도 변경한다 |
|  |  | -v | 모든 파일의 세부사항을 표시한다 |
|  | cp 옵션 변경 원본 파일명 복사 대상 디렉터리 | -a | 속성과 디렉터리 구조를 유지하여 복사한다 (옵션 dpR와 동일) |
|  |  | -d | 심볼릭 링크를 복사할 경우에는 링크 형식으로 복사한다 |
|  |  | -f | 복사 대상에 같은 파일명이 있는 경우도 경고하지 않고 덮어쓰기 한다 |
|  |  | -i | 복사 대상에 같은 파일명이 있는 경우에는 확인한다 |
| cp<br>● 디렉터리와 파일 복사/<br>  이름 변경 |  | -l | 파일을 복사하는 대신 하드 링크를 작성한다 |
|  | cp 옵션 변경 원본 파일명 복사 대상 디렉터리 | -p | 소유주, 그룹, 권한, 시간 정보를 저장, 복사한다 |
|  |  | -R | 디렉터리와 그 안의 파일이나 디렉터리를 복사한다 |
|  |  | -s | 파일을 복사하는 대신 심볼릭 링크를 작성한다 |
|  |  | -u | 같은 이름의 파일이 존재하는 경우 최종 갱신일이 새로운 경우에는 복사하지 않는다 |
|  |  | -v | 복사하기 전에 파일명을 표시 |

| 명령과 기능 | 서식 | 옵션 | 옵션 설명 |
|---|---|---|---|
| date<br>● 시스템 시간을 표시 / 설정 | date 옵션 날짜 | (없음) | 날짜 표기 : MMDDhhmm[CC][YY][ss]<br>• MM…월<br>• DD…일<br>• hh…시<br>• mm…분<br>• CC…서기 상위 2자릿수<br>• YY…서기 하위 2자릿수<br>• ss… 초 |
| df<br>● 디스크 사용 현황을 표시 | df 옵션 파일 | -a | 0블록의 파일 시스템을 포함해 표시한다<br>※파일을 지정한 경우는 파일을 포함한 파일 시스템 정보를 표시한다 |
| | | -k | 킬로바이트 단위로 표시한다 |
| | | -m | 메가바이트 단위로 표시한다 |
| | | -h | 읽기 쉬운 형식으로 표시한다 |
| dnf<br>● 설치 및 업로드 관리 | dnf 옵션 명령 패키지명 | -y | 설치 확인 등에서 y라고 입력하는 것을 생략한다 |
| | | | ● 주요 명령어<br>• check-update…업데이트 가능한 패키지를 표시<br>• upgrade…모든 패키지 또는 지정된 패키지의 업그레이드를 실행<br>• install…지정된 패키지 설치 실행<br>• remove…지정된 패키지 삭제 실행<br>• info…이용 가능한 패키지 정보 또는 지정된 패키지 정보를 표시<br>• ist…이용 가능한 패키지 목록을 표시<br>• list installed…설치된 패키지 목록을 표시 |
| du<br>● 파일 / 디렉터리의 디스크 용량을 표시 | du 옵션 파일명 | -a | 디렉터리뿐만 아니라 파일 정보도 표시한다 |
| | | -k | 킬로바이트 단위로 표시한다 |
| | | -b | 바이트 단위도 표시한다 |
| | | -m | 메가바이트 단위로 표시한다 |
| env<br>● 특정 명령에 대해 환경 변수를 설정<br>● 옵션 이하가 생략된 경우는 환경 변수 목록 표시 | env 옵션 변수명=값 명령어 이름env | -i | 기존 환경 설정을 비활성화하여 설정한다 |
| find<br>● 파일을 검색 | find 검색 장소 검색 조건 처리 방법 | ● 검색 조건 | |
| | | -user 사용자명 | 파일 소유자 이름으로 검색한다 |
| | | -name 파일명 | 파일명으로 검색한다 |
| | | -path 경로명 | 경로명으로 검색한다 |
| | | ● 처리 방법 | |
| | | -ls | 파일 정보 표시 |
| free<br>● 빈 메모리와 이용 메모리를 표시 | free 옵션 | -b | 바이트 단위로 표시한다 |
| | | -k | 킬로바이트 단위로 표시한다 |
| | | -m | 메가바이트 단위로 표시한다 |
| grep<br>● 지정한 문자열을 검색 | grep 옵션 검색 문자열 파일명 | -c | 검색 문자열과 일치한 행만 보여준다 |
| | | -i | 대·소문자를 구별하지 않는다 |
| | | -s | 에러 메시지를 표시하지 않는다 |
| | | -u | 바이너리 파일로 처리한다 |

Linux의 주요 명령

| 명령과 기능 | 서식 | 옵션 | 옵션 설명 |
| --- | --- | --- | --- |
| grep (계속)<br>● 지정한 문자열을 검색 | grep 옵션 검색 문자열 파일명 | -v | 검색 문자열과 일치하지 않는 행을 표시한다 |
| groupadd<br>● 그룹 작성 | groupadd 옵션 새로운 그룹명 | -g 그룹 ID | 그룹 ID 지정 |
| groupdel<br>● 그룹 삭제 | groupdel 그룹명 | — | — |
| groups<br>● 사용자가 속한 그룹을 표시 | group 사용자명 | — | — |
| halt<br>강제 종료 | halt 옵션 | -P | 가능하면 전원을 끈다 |
| history<br>● 히스토리 표시 | history 옵션 표시 건수 | -c | 히스토리를 클리어한다 |
|  |  | -d 숫자 | 몇 번째의 히스토리를 표시할지 지정한다 |
|  |  | -a 파일명 | 쉘 시작에서 현재까지의 히스토리를 지정한 파일에 추가한다 |
|  |  | -r 파일명 | 현재의 히스토리를 지정한 파일에 저장한다 |
|  |  | -w 파일명 | 현재의 히스토리를 지정한 파일에 저장한다<br>파일이 이미 존재하는 경우 덮어쓰기 한다 |
| id<br>● 활성화된 사용자 ID와 그룹 ID 표시 | id 옵션 사용자… | -Z | 보안 콘텍스트만을 표시한다 |
|  |  | -g | 유효한 그룹 ID만을 표시한다 |
|  |  | -G | 모든 그룹 ID를 표시한다 |
|  |  | -n | 이름 대신 번호를 표시한다 |
|  |  | -r | 실효 ID 대신 실제 ID를 표시한다 |
|  |  | -u | 실효 사용자 ID만을 표시한다 |
| ifconfig<br>● 네트워크 인터페이스 설정 | ifconfig 인터페이스명 옵션 | up | 인터페이스를 활성화한다 |
|  |  | down | 인터페이스 드라이버를 정지한다 |
|  |  | -4 | IPv4를 사용한다(-family inet과 동일) |
|  |  | -6 | IPv6을 사용한다(-family inet6과 동일) |
|  |  | -B | 브리지를 사용한다(-family bridge와 동일) |
|  |  | -D | DECnet을 사용한다(-family decnet와 동일) |
|  |  | -I | IPX를 사용한다(-family ipx와 동일) |
|  |  | -0 | 데이터 링크 프로토콜을 사용한다(-family link와 동일) |
| ip<br>● 라우팅, 디바이스, 폴리시 라우팅, IP 터널 표시, 설정 서식 | ip 옵션 오브젝트 명령 | -l 횟수 | ip addr flush의 시행 횟수를 설정한다(기존값은 10, 0으로 횟수 제한 없음) |
|  |  | -b 파일 | 파일에서 명령어를 읽어낸다 |
|  |  | -force | 배치 모드로 실행한다(에러가 발생해도 정지하지 않는다) |
|  |  | -s | 상세한 정보를 표시한다 |
|  |  | -o | 1행 표시를 한다 |
|  |  | -r | 주소 대신 DNS명을 표시한다 |
|  |  |  | ● 오브젝트<br>• link…네트워크 디바이스<br>• address…디바이스의 IP주소(IP 또는 IPv6)<br>• addrlabel…주소 라벨<br>• neighbour…ARP 또는 NDISC 캐시 엔트리<br>• route…라우팅 테이블의 엔트리<br>• rule…라우팅 폴리시 데이터 기반 안의 규칙<br>• meddress…멀티캐스트 주소<br>• mroute…멀티캐스트 라우팅의 캐시 엔트리<br>• tunnel…IP 터널<br>• xfrm…IPsec 폴리시를 위한 프레임워크 |

| 명령과 기능 | 서식 | 옵션 | 옵션 설명 |
|---|---|---|---|
| ip( 계속 )<br>● 라우팅, 디바이스, 폴리시 라우팅, IP 터널 표시, 설정 | ip 옵션 오브젝트 명령어 | | ● 명령<br>• 오브젝트의 종류에 따라 add, delete, show(또는 list) 등을 이용할 수 있다 |
| jobs<br>실행 중인 잡을 표시 | jobs 옵션 잡 번호 | -l | 프로세스 ID도 표시한다 |
| kill<br>● 프로세스나 잡을 종료시킨다<br>● 프로세스나 잡에 시그널(또는 시그널 번호)을 보낸다 | • kill 옵션 프로세스 번호(잡 번호)<br>• kill-시그널 프로세스 번호(잡 번호)<br>● 시그널명 (시그널 번호)…의미<br>• HUP(1)…프로세스 재부팅 통지<br>• INT(2)…프로세스에 끼어들기 통지<br>• QUIT(3)…프로세스 종료 통지<br>• KILL(9)…프로세스에 강제 종료 통지<br>• TERM(15)…프로세스에 종료 통지<br>• STOP(17)…프로세스에 중단 통지<br>• CONT(19)…프로세스에 재개 통지 | -l 시그널<br><br>- 시그널<br><br>-s 시그널 | ● 시그널이 지정된 경우<br>• 시그널 번호는 시그널명, 시그널명은 시그널 번호로 변환된다<br>● 시그널이 생략된 경우<br>• 시그널 리스트를 표시한다<br>지정한 시그널을 프로세스 또는 잡으로 보낸다 |
| less<br>● 텍스트 파일 열람 | less 옵션 파일명<br>● 내부 명령<br>• f, Ctrl + f, z, Space…다음 화면으로 이동<br>• b, Ctrl + b…이전 화면으로 이동<br>• l, Ctrl + n, Enter…다음 행으로 이동<br>• k, Ctrl + p…이전 행으로 이동<br>• d, Ctrl + d…반 화면 다음으로 이동<br>• u, Ctrl + u…반 화면 전으로 이동<br>• g, Esc >, <…파일 처음으로 이동<br>• G, Esc <, >…파일 마지막으로 이동<br>• / 문자열…지정한 문자열을 앞으로 검색<br>• ? 문자열…지정한 문자열을 뒤로 검색<br>• n…문자열을 재검색<br>• N…문자열을 반대 방향으로 재검색<br>• [], ctrl + g, : f…파일 정보와 현재 위치를 표시<br>• m 문자…현재 위치를 지정한 문자에 기억<br>• : 문자…m 문자에 기억된 위치로 이동<br>• r, Ctrl + l…화면을 다시 그린다<br>• h…Help 표시<br>• ˊ…직전의 검색 시작 위치로 돌아간다<br>• :, f…현재 파일명과 현재 위치 표시<br>• q, Q, Z Z, : q, : Q…종료<br>• : n…명령 행에서 지정한 파일 목록의 다음 파일을 불러온다<br>• : p…명령 행에서 지정한 파일 리스트의 이전 파일을 불러온다<br>• : x…명령 행에서 지정한 파일 리스트의 첫 번째 파일을 불러온다<br>• : d…현재의 파일을 파일 리스트에서 제거한다 | -s<br><br><br><br><br><br><br><br><br><br><br><br><br><br>-S | 연속하는 빈 행을 1행의 빈 행으로 바꾸어 표시한다<br><br><br><br><br><br><br><br><br><br><br><br><br><br>긴 행을 접지 않고 표시한다 |
| ln<br>● 링크 파일 작성 | ln 옵션 링크의 원래 링크 | -b | 덮어쓴 파일의 백업을 작성한다 |
| | | -f | 같은 이름의 파일이 있는 경우 경고 없이 덮어쓰기 한다 |
| | | -i | 같은 이름의 파일이 있는 경우 확인한다 |
| | | -s | 심볼릭 링크를 작성한다 |
| | | -v | 파일명을 표시한다 |
| locale<br>● 로케일에 관한 정보 표시 | locale | -a | 이용 가능한 모든 로케일을 표시한다 |
| | | -m | 이용 가능한 모든 문자 코드를 표시한다 |
| ls<br>● 디렉터리 안의 정보 표시 | ls 옵션 파일명 | -a | 파일명 앞에 .가 붙은 것을 포함해 표시한다 |
| | | -F | 파일 유형을 분류하는 기호도 표시한다 |

Linux의 주요 명령

| 명령과 기능 | 서식 | 옵션 | 옵션 설명 |
|---|---|---|---|
| ls(계속)<br>● 디렉터리 안의 정보 표시 | ls 옵션 파일명 | -l | 상세 정보(파일명 외에 파일 유형, 권한, 하드 링크 수, 소유자, 소유 그룹, 파일 크기, 변경 일자)를 표시한다 |
| | | -R | 서브 디렉터리 안의 파일, 디렉터리를 모두 표시한다 |
| | | -t | 최종 갱신 일자가 새로운 순서대로 표시한다 |
| | | -1 | 1행에 1파일씩 표시한다 |
| man<br>● 매뉴얼 표시 | man 옵션 명령 이름 | -P 프로그램명 | 지정한 이름의 화면 표시 프로그램을 사용한다. 디폴트는 less |
| mkdir<br>● 디렉터리 작성 | mkdir 옵션 디렉터리명 | -m 모드 | 권한을 지정한다 |
| | | -p | 지정한 경로에 포함된 디렉터리가 존재하지 않는 경우는 그 디렉터리도 작성한다 |
| more<br>● 텍스트 파일 열람 | more 옵션 파일명<br><br>● 내부 명령<br>• f, Ctrl + f, z Space…다음 화면으로 이동<br>• b, Ctrl + b…이전 화면으로 이동<br>• Ctrl + j, Enter…다음 행으로 이동<br>• / 문자열…지정한 문자열을 앞으로 검색<br>• '…직전의 검색 시작 위치로 돌아간다<br>• :, f…현재 파일명과 현재 위치를 표시<br>• h, ?…Help 표시<br>• q, Q…종료<br>• :n…명령 행에서 지정한 파일 리스트의 다음 파일을 불러낸다<br>• :p…명령 행에서 지정한 파일 리스트의 이전 파일을 불러낸다<br>• .…직전의 명령 재실행 | -s | 연속하는 빈 행을 1행의 빈 행으로 바꾸어 표시한다 |
| mount<br>● 파일 시스템 마운트 | mount 디바이스 디렉터리 | -t 유형 | 마운트할 파일 시스템 유형을 지정한다 |
| | | -l | 마운트되어 있는 파일 시스템의 목록을 표시한다 |
| | | -v | 상세한 정보를 표시한다 |
| | | -a | fstab에 기재되어 있는 파일 시스템을 모두 마운트한다 |
| | | -r | 파일 시스템을 읽기 전용으로 마운트한다 |
| | | -L 라벨 | 라벨을 mount 출력에 추가한다 |
| umount<br>● 파일 시스템 언마운트 | umount 옵션 | -t 유형 | 언마운트할 파일 시스템의 유형을 지정한다 |
| | | -v | 상세 정보를 표시한다 |
| | | -a | mtab에 기재되어 있는 파일 시스템을 모두 마운트한다 |
| | | -f | 강제로 언마운트한다 |
| mv<br>● 파일이나 디렉터리 이동<br>● 파일명 변경 | mv 옵션 파일명 이동할 디렉터리 | -b | 파일을 덮어쓸 때는 백업을 작성한다 |
| | | -f | 복사 대상에 동명의 파일이 있는 경우도 경고 없이 덮어쓰기 한다 |
| | mv 옵션 원래 파일명 병경 후 파일명 | -i | 복사 대상에 동명의 파일이 있는 경우는 확인한다 |
| | | -u | 동명의 파일이 존재하는 경우, 최종 갱신 일자가 새로운 경우에는 복사하지 않는다 |
| | | -v | 복사 전에 파일명을 표시한다 |
| newgrp<br>● 새로운 그룹에 로그인 | newgrp 그룹명 | — | — |

| 명령과 기능 | 서식 | 옵션 | 옵션 설명 |
|---|---|---|---|
| nslooup<br>● 네임 서버 문의 | nslookup 옵션 호스트명 DNS 서버 | -type= 유형 | 표시 내용을 지정한다… mx: MX 레코드, ns: 네임 서버, soa: SOA(start of authority) 레코드<br>※ DNS 서버를 생략하면 디폴트가 사용된다 |
| | | -port 번호 | 문의에 사용하는 포트 번호를 지정한다(기본값은 53)<br>※ 인수를 지정하지 않으면 대화 모드를 사용한다 |
| | | | ● 대화 모드의 주요 명령<br>• 호스트명 DNS 서버명… DNS 서버를 이용하고 호스트에 대해 문의한다<br>• server DNS 서버명…초기 DNS 서버로 바꾼다<br>• root…초기 DNS를 루트 서버로 바꾼다<br>• ls…도메인명… 도메인에 대해서 취득할 수 있는 정보를 표시한다<br>• exit…대화 모드를 종료한다 |
| ● 네트워크상의 호스트에 관련된 DNS 정보 조사 | nslookup 호스트명 DNS 서버명 | (없음) | ● 내부 명령<br>• host 호스트명…정보를 얻고 싶은 호스트명을 지정한다<br>• sever 서버명…정보를 문의하는 DNS 서버를 지정한 서버명으로 변경한다.<br>• ls 도메인명…지정한 도메인에서 취득할 수 있는 정보 목록을 표시한다<br>• hel…내부 명령어의 도움을 표시한다<br>• exit…종료한다 |
| | nslookup-DNS 서버명 | | |
| passwd<br>● 사용자의 비밀번호 변경 | passwd 옵션 사용자명 | -l | 사용자 계정을 잠그고 로그인할 수 없게 한다 |
| | | -d | 사용자의 비밀번호를 삭제한다 |
| | | -u | 사용자 계정의 잠금을 해제한다 |
| pwd<br>● 커런트 디렉터리 표시 | pwd | — | — |
| ps<br>● 프로세스 정보 표시 | ps 옵션 프로세스 번호<br><br>각 항목의 의미<br>• USER…사용자명<br>• UID…실행 사용자 ID<br>• PID…프로세스 ID<br>• PPID…신 프로세스 ID<br>• TT, TTY…제어 단말<br>• STAT…프로세스 상태<br>• TIME…CPU 시간<br>• COMMAND…명령<br>• %CPU…CPU 사용률<br>• %MEM…메모리 사용률<br>• SIZE…가상 이미지의 크기<br>• RSS…상주 세트 크기<br>• START…시작 시간<br>• FLAGS…플래그<br>• NI…프로세스 우선도<br>• WCHAN…wait 채널<br>• PAGEN…페이지 폴트 횟수<br>• TSIZ…텍스트 크기<br>• DSIZ…데이터 크기<br>• LIM…메모리 제어 | -a | 모든 사용자의 프로세스를 표시한다 |
| | | -l | 프로세스 상태, 우선도 등 상세한 정보를 표시한다 |
| | | -u | 사용자명과 시작 시각을 표시한다 |
| | | -x | 제어 단말이 없는 프로세스도 포함하여 표시한다 |
| rm<br>● 파일이나 디렉터리 삭제 | rm 옵션 파일명 | -f | 확인 메시지 없이 삭제한다 |
| | | -i | 파일 하나하나에 대해 확인 메시지를 표시한다 |
| | | -r | 디렉터리와 그 안의 파일도 모두 삭제한다 |

| 명령과 기능 | 서식 | 옵션 | 옵션 설명 |
|---|---|---|---|
| rm (계속)<br>●파일이나 디렉터리 삭제 | rm 옵션 파일명 | -v | 삭제할 파일명을 표시한다 |
| rmdir<br>●디렉터리 삭제 | rmdir 옵션 디렉터리명 | -p | 디렉터리 삭제 후 빈 상위 디렉터리도 삭제한다 |
| rpm<br>●패키지 파일의 설치 관리 | rpm 명령어 옵션 패키지 파일명 | ●명령 | |
| | | -i | 설치한다 |
| | | -e | 삭제한다 |
| | | -U | 업그레이드한다 |
| | | -F | 설치된 것만 최신판으로 업그레이드한다 |
| | | -q | 문의한다 |
| | | ●옵션 | |
| | | -v | 상세 정보를 표시한다 |
| | | -h | 설치 및 업그레이드 진행 상태를 표시한다 |
| | | -a | 문의한다(-q와 함께 사용한다) |
| | | -i | 패키지 정보를 표시한다(q와 함께 사용한다) |
| | | -l | 패키지에 포함되는 파일을 표시한다<br>(-q와 함께 사용한다) |
| sftp<br>●안전한 파일 전송 | sftp 호스트 또는 IP 주소 | -1 | SSH 프로토콜 V1을 사용한다 |
| | | -2 | SSH 프로토콜 V2를 사용한다 |
| | | -4 | IPv4 주소를 강제 사용한다 |
| | | -6 | IPv6 주소를 강제 사용한다 |
| | | -B 값 | 버퍼 크기를 지정한다(기본값은 32768) |
| | | -C | 압축 기능을 활성화한다 |
| | | -P 포트 번호 | 접속할 포트 번호를 지정한다 |
| | | -i 파일명 | 비밀 키 파일을 지정한다 |
| | | -l 값 | 네트워크 지역을 제한한다(단위 : Kbps) |
| | | -p | 원본 파일의 최종 수정 시간, 최종 접근 시간, 권한도 전송한다 |
| | | -r | 디렉터리를 재귀적으로 전송한다 |
| | | | ●sftp 명령<br>・get 파일명…파일을 다운로드한다<br>・mget 조건…여러 개의 파일을 다운로드한다<br>・put…파일을 업로드한다<br>・mput 조건…여러 개의 파일을 업로드한다<br>・lcd…로컬 컴퓨터의 커런트 디렉터리를 변경한다<br>・bye 또는 exit…sftp를 종료한다<br>・그 외 접속처에서 이용 가능한 Linux 기본 명령어 |
| shutdown<br>●시스템 정지 | shutdown 옵션 시간 지정 메시지 | -h | 시스템을 정지한다 |
| | | -r | 시스템을 재기동한다 |
| | | -k | 로그인 중인 모든 사용자에게 메시지를 전달할 뿐 시스템은 정지하지 않는다 |
| | | now | 곧 시스템이 정지한다 |
| sort<br>●텍스트 파일의 행을 나열 | sort 옵션 파일명 | -f | 알파벳의 대·소문자를 구별하지 않는다 |
| | | -i | ASCII 문자 이외는 무시한다 |
| | | -r | 내림차순으로 정렬한다 |

| 명령과 기능 | 서식 | 옵션 | 옵션 설명 |
|---|---|---|---|
| ssh<br>●SSH로 원격 호스트 접속 | SSH 옵션 호스트명<br>SSH 옵션 호스트명 접속처에서 실행한 명령 | | |
| stat<br>●파일이나 파일 시스템 상태 표시 | stat 옵션 파일 | -L | 링크를 찾아 표시한다 |
| | | -f | 파일 시스템 정보를 표시한다 |
| | | -t | 간결한 표기로 표시한다 |
| su<br>●다른 사용자로 전환 | su 옵션 사용자명 | - | 환경 설정을 모두 전환한 다음 설정한다 |
| sudo<br>●다른 사용자로 명령 실행 | sudo 옵션 명령<br>※sudo를 실행하려면 /etc/sudoers에 계정을 추가하거나 sudoers에 기재된 wheel 그룹 등이 참가해야 한다 | -b | 명령을 백그라운드에서 실행한다 |
| | | -E | (가능하면) 현재의 환경 변수를 그대로 유지한다 |
| | | -e 파일 | root 권한으로 파일을 편집한다(명령 지정은 필요 없음) |
| | | -g 그룹명 | 실행 시 그룹명을 지정한다 |
| | | -i | 변경처의 사용자 쉘을 기동한다 |
| | | -l | 명령이 없는 경우는 실행이 허가된 명령 목록을 표시한다 |
| | | | 명령이 있는 경우는 명령의 절대경로를 표시한다 |
| | | -P | 그룹을 변경하지 않고 실행한다 |
| | | -u 사용자명 | 지정한 사용자로 실행한다 |
| tar<br>●아카이브·파일에 파일 저장·추출 | tar 옵션 파일명…<br>※보통은 다음과 같이 지정한다<br>•tar 파일 작성…tar -cvf 아카이브명 파일명<br>•tar 파일 전개…tar -xvf 아카이브명<br>•tar.gz 파일 작성…tar -zcvf 아카이브명 파일명<br>•tar.gz 파일 전개…tar -zxvf 아카이브명 | ●기능 지정 옵션<br>…아래 중 하나를 반드시 지정 | |
| | | -A | tar 파일을 아카이브에 추가한다 |
| | | -c | 신규로 아카이브 파일을 작성한다 |
| | | -d | 아카이브와 파일 시스템과의 차분을 취한다 |
| | | -r | 아카이브 끝에 파일을 추가한다 |
| | | -t | 아카이브 내용을 표시한다 |
| | | -u | 아카이브 파일을 갱신한다 |
| | | -x | 아카이브에서 파일을 추출한다 |
| | | ●기타 옵션 | |
| | | -f | 아카이브 파일을 지정한다 |
| | | -v | 처리한 파일 목록을 표시한다 |
| | | -z | gzip로 압축한다 |
| touch<br>●파일의 접속 시간과 수정 시간 변경 | touch 옵션 파일명 | -a | 접속 시간만 변경한다 |
| | | -m | 갱신 일시만 변경한다 |
| | | -d | 일시를 지정한다(지정하지 않을 경우 현재 일시로 된다) |
| | | -f | 수정 시간을 변경한다 |
| type<br>●명령어 경로와 유형 표시 | type 옵션 명령 이름 | -a | 지정한 명령에 관한 모든 유형의 정보를 조사한다 |
| | | -t | 지정한 명령 유형만 표시한다 |
| useradd<br>●사용자 작성 | useradd 옵션 사용자명 | -d 디렉터리명 | 홈 디렉터리를 지정한다 |
| | | -e 일자 | 계정의 활성 기한 날짜를 지정한다 |
| | | -g 그룹명 | 프라이머리 그룹을 지정한다 |

| 명령과 기능 | 서식 | 옵션 | 옵션 설명 |
|---|---|---|---|
| useradd(계속)<br>● 사용자 작성 | useradd 옵션 사용자명 | -m | 홈 디렉터리가 없는 경우 신규 작성한다 |
| userdel<br>● 사용자 삭제 | userdel 옵션 사용자명 | -r | 사용자의 홈 디렉터리 이하의 파일도 모두 삭제한다 |
| usermod<br>● 사용자 정보 변경 | usermod 옵션 사용자명 | -d 디렉터리명 | 홈 디렉터리를 변경한다 |
| | | -e 날짜 | 계정의 유효기한을 변경한다 |
| | | -g 그룹명 | 계정이 소속된 그룹을 변경한다 |
| | | -l 사용자명 | 사용자명을 변경한다 |
| w<br>● 로그인 중인 사용자 정보 표시 | w 옵션 사용자명 | -l | 상세 표시 |
| | | -s | 생략 표시 |
| whereis<br>● 관련된 경로 표시 | whereis 옵션 명령 이름 | -b | 실행 파일의 경로만 표시한다 |
| | | -m | 매뉴얼의 경로만 표시한다 |
| | | -s | 소스 디렉터리의 경로만 표시한다 |
| which<br>● 명령어 경로 / 에일리어스 표시 | which 옵션 명령 이름 | -a | 모든 정보를 표시한다 |
| who<br>● 로그온 중인 사용자 표시 | who 옵션 | -b | 최신 시스템 기동 시간을 표시한다 |
| | | -H | 헤더 행을 표시한다 |
| | | -d | 데드 프로세스를 표시한다 |
| | | -l | 시스템 로그인 프로세스를 표시한다 |
| | | --lookup | IP 주소가 아닌 정식 호스트명을 표시한다 |
| | | -m | 표준 입력과 관련된 호스트와 사용자만 표시한다 |
| | | -p | init에 따라 기동된 프로세스를 표시한다 |
| | | -q | 로그인 중인 사용자와 그 인원을 표시한다 |
| | | -r | 현재의 런 레벨을 표시한다 |
| | | -s | 로그인명, 회선, 시간만 표시한다(기본값) |
| | | -t | 시스템 클럭의 최종 갱신 일시를 표시한다 |
| | | -T | 사용자 메시지 상태를 +로 표시한다 |
| | | -u | 사용자의 마지막 조작부터의 경과 시간을 표시한다 |
| | | -a | 모든 정보를 표시한다 |

# 찾아보기

## 기호

* (와일드카드) …………… 36
.tar.gz ……………… 20, 142
/(슬래시)………………… 16
?(와일드카드) …………… 36
|(파이프)………………… 62
<(리다이렉트) …………… 60
>(리다이렉트) …………… 60
>>(리다이렉트) ………… 60

## a~c

alias 명령 ……………… 66
ASCII 코드 …………… 128
bash(쉘)………………… 10
BSD …………………… xiv
cat 명령 ………………… 32
cd 명령 ………………… 28
CentOS ……… xiii, xx, 172
　　GUI 활성화/비활성화 … 160
　　설치 ………………… 156
　　한국어 입력 ………… 161
chgp 명령 …………… 103
chown 명령 …………… 103
cp 명령 ………………… 30
cron …………………… 112
crond(데몬) …………… 112
csh(쉘) ………………… 10
CUI ……………………… x

## d~g

date 명령 ……………… 108
dev 형식 ……………… 144
df 명령 ………………… 70
dnf 명령 ……………… 146
DNS 서버 ……………… 97
　　설정 ………………… 97
du 명령 ………………… 71
Emacs ………………… 54
env 명령 ……………… 110
EUC-JP ……………… 128
export 명령 …………… 130
ext4 파일 시스템 ……… 19
find 명령 ……………… 34
free 명령 ……………… 70
GNOME ……………… 118
grep 명령 ……………… 33
groupadd 명령 ……… 104
groupdel 명령 ………… 105
GUI ……………………… x

## h~r

halt 명령 ……………… 107
history 명령 …………… 74
id 명령 ………………… 105
ifconfig 명령 …………… 94
ip 명령 ………………… 95
IP 주소 ………………… 94
JFS(파일 시스템) ……… 19
jobs 명령 ……………… 85
KDE …………………… 118
kill 명령 ………………… 85
KR …………………… 128
less 명령 ……………… 65
ln 명령 ………………… 67
logrotate ……………… 149
ls 명령 ……………… 29, 108
MakeFile …………… 143
make 명령 …………… 143
man 명령 …………… 143
meta character ……… 176
mkdir 명령 …………… 31
more 명령 ……………… 64
mount 명령 ………… 168
mv 명령 ………………… 30
network 파일 ………… 96
newgrp 명령 ………… 104
nslookup 명령 ………… 95
ntpd(데몬) …………… 99
ntpdate 명령 ………… 99
NTP 서버 ……………… 99
Operating System(OS) … ix
OS ……………………… ix
　　UNIX 계열 ………… xi
passwd 명령 ……… 73, 100
PATH 변수 …………… 111
ps 명령 ………………… 84
pwd 명령 ……………… 28
reboot 명령 ………… 107
Red Hat Enterprise
　　Linux(RHEL) …… 172
rmdir 명령 ……………… 31
rm 명령 ………………… 31
root …………………… 90
RPM 형식 ………… 144, 145

189

## s~t

- set 명령 ······················ 111
  - SFTP ····················· 140
  - get 명령 ················· 141
  - put 명령 ················· 141
  - 클라이언트 ············ 160
  - 서버 ······················· 160
- sh(쉘) ···························· 10
- shift 명령 ···················· 160
- shutdown 명령 ············ 106
- sort 명령 ······················ 32
- SSH ····························· 138
  - 클라이언트 ············ 138
  - 서버 ······················· 138
- ssh 명령 ······················ 139
- stat 명령 ······················ 69
- sudo 명령 ···················· 91
- su 명령 ························ 91
- systemd ························ 92
- System V 계열 ············ xi
  - 계보 ···························· xi
  - 상용 ···························· xi
- tcsh(쉘) ························ 10
- tgz 형식 ····················· 144
- touch 명령 ··················· 69
- type 명령 ····················· 68

## u~y

- Ubuntu ························ 167
  - GUI의 활성화/비활성화 ··· 191
  - 설치 ························ 164
- Ubuntu ········· xiii, xxii, 173
- umount 명령 ··············· 169
- unalias 명령 ················· 66
- Unicode ················ 128, 134

- UNIX BSD 계열 ············· xi
- UNIX ································ xi
- UNIX 계열 OS ················· xi
- useradd 명령 ················ 100
- userdel 명령 ················· 121
- usermod 명령 ·············· 104
- UTF-8 ··························· 129
- vi ···································· 41
  - ex 모드 ···················· 45
  - 삽입 모드 ················ 45
  - 명령 모드 ················ 44
- Vim ································ 45
- VirtualBox ··················· xviii
  - 설치 ······················· 152
  - 가상 머신 기동 ······ 155
  - 가상 머신 작성 ······ 154
- vi 명령 ·························· 42
- VNC ····························· 150
- Wayland ······················ 116
  - 클라이언 ················ 117
  - 컴포지터 ················ 117
  - 프로토콜 ················ 117
- Web 서버 ······················ xvi
- whereis 명령 ················· 35
- which 명령 ··················· 35
- who 명령 ······················ 72
- Window System ·········· 116
- w 명령 ·························· 72
- XFS(파일 시스템) ········· 19
- X Window System ······ 124
- Yum ···························· 147

## ㄱ

- 가상머신 ····················· 155
  - 기동 ························ 155
  - 신규 작성 ··············· 154

- 가상 파일 시스템 ········· 19
- 가상환경 ············· xvii, 152
- 경로 ······················ 16, 110
- 계층 구조 ····················· 14
- 권한 ······················ 76, 178
- 권한 속성 ····················· 76
- 그룹 ···························· 102
- 기본 구문 ····················· 25
- 기본 그룹 ··················· 102

## ㄴ

- 내부 명령어 ·················· 13

## ㄷ

- 다중 사용자 모드 ······· 101
- 단말기 ··························· xv
- 단일 사용자 모드 ······· 101
- 데모 ···························· 179
- 데스크톱 환경 ··············· xv
- 도트 파일 ············· 17, 108
- 디렉터리 ······················· 14
- 디바이스 파일 ············ 168
- 디스트리뷰션 ············· xiii

## ㄹ

- 로그 ···························· 148
- 로그아웃 ························· 6
- 로그인 ···························· 6
- 로케일 ························ 130
- 루트 디렉터리 ······· 14, 26
- 리눅스 ················ ix, xi, xii
- 리눅스 서버 ················ xvi
- 리다이렉트 ·················· 60
- 리부팅 ························ 106

## ㅁ

| | |
|---|---|
| 마운트 | 168 |
| 멀티바이트 문자 | 134 |
| 멀티 태스킹 | 84 |
| 메타 문자 | 176 |
| 명령 | x |
| 명령 입력 시 규칙 | 24 |
| 명령 행 | 5 |
| 문자 깨짐 | 128 |
| 문자 코드 | 128 |

## ㅂ

| | |
|---|---|
| 바이너리 파일 | 12 |
| 보호 모드 | 76 |
| 비밀번호 | 6 |

## ㅅ

| | |
|---|---|
| 사용자 계정 | 6 |
| 사용자 카테고리 | 76 |
| 상대경로 | 27 |
| 상용 UNIX | xi |
| 상위 디렉터리 | 14 |
| 서브 그룹 | 102 |
| 서브 디렉터리 | 14 |
| 셧다운 | 106 |
| 소유 그룹 | 103 |
| 소유 사용자 | 103 |
| 쉘 | 9 |
| 쉘 변수 | 111 |
| 쉘 스크립트 | 80 |
| 슈퍼유저 | 90 |
| 시스템 관리자 | 90 |
| 시스템 클락 | 98 |
| 실행할 수 있는/없는 파일 | 12 |

## ㅇ

| | |
|---|---|
| 아카이브 | 20 |
| 압축 | 20 |
| 애플리케이션 | xv |
| 언마운트 | 169 |
| 에일리어스 | 66 |
| 오픈소스 | xii |
| 온라인 매뉴얼 | 86 |
| 옵션 | 25 |
| 와일드카드 | 36 |
| 외부 명령 | 13 |
| 인수 | 25 |
| 입력 | 58 |

## ㅈ

| | |
|---|---|
| 잡 | 84 |
| 절대경로 | 26 |
| 접속권 | 76 |
| 정규 표현 | 186 |

## ㅊ

| | |
|---|---|
| 출력 | 58 |

## ㅋ

| | |
|---|---|
| 커널 | 8 |
| 커런트 디렉터리 | 14, 26 |
| 컴파일 | 143 |
| 콘솔 | xv |

## ㅌ

| | |
|---|---|
| 태스크 | 84 |
| 터미널 | xv |
| 텍스트 에디터 | 40 |
| 텍스트 파일 | 12 |
| 통합 데스크톱 환경 | 108 |
| 트리 구조 | 14 |

## ㅍ

| | |
|---|---|
| 파이프 | 62 |
| 파일 | 20 |
| 압축과 풀기 | 20 |
| 파일 시스템 | 18, 168 |
| 패키지 | 144 |
| 관리 시스템 | 144 |
| 파일 | 144 |
| 패턴 | 176 |
| 포인트 | 168 |
| 표준 오류 출력 | 59 |
| 표준 입력 | 58 |
| 표준 출력 | 58 |
| 프로세스 | 84 |
| 프롬프트 | 5 |

## ㅎ

| | |
|---|---|
| 하위 그룹 | 102 |
| 하위 디렉터리 | 14 |
| 한국어 입력 | 161 |
| 해제 | 20 |
| 호스트 | xv |
| 호스트명 | 96 |
| 설정 | 96 |
| 홈 디렉터리 | 14, 27 |
| 확장자 | 17 |
| 환경 변수 | 110, 130 |

# Linux가 보이는 그림책

2021. 4. 2. 초 판 1쇄 인쇄
**2021. 4. 9. 초 판 1쇄 발행**

글쓴이 : ANK Co., Ltd.
감 역 : 오윤기
역 자 : 황명희
펴낸이 : 이종춘
펴낸곳 : BM (주)도서출판 **성안당**

주 소 : 04032 서울시 마포구 양화로 127 첨단빌딩 3층(출판기획 R&D 센터)
          10881 경기도 파주시 문발로 112 파주 출판 문화도시(제작 및 물류)
전 화 : (02) 3142-0036
          (031) 950-6300
팩 스 : (031) 955-0510
등 록 : 1973. 2. 1. 제406-2005-000046호
홈페이지 : www.cyber.co.kr
도서 내용 문의 : hrcho@cyber.co.kr

ISBN : 978-89-315-5697-1 (13000)
정 가 : 17,000원

---

만든이
**책임** | 최옥현
**진행** | 김혜숙
**교정** | 김연숙
**본문 디자인** | 김인환
**표지 디자인** | 박원석
**홍보** | 김계향, 유미나
**국제부** | 이선민, 조혜란, 김혜숙
**마케팅** | 구본철, 차정욱, 나진호, 이동후, 강호묵
**마케팅 지원** | 장상범, 박지연
**제작** | 김유석

---

이 책에서 사용된 모든 프로그램과 상표는 각 회사에 그 권리가 있습니다.

Linuxの絵本
(Linux no Ehon : 6319-2)
ⓒ 2020 ANK Co., Ltd.
Original Japanese edition published by SHOEISHA Co., Ltd.
Korean translation rights arranged with SHOEISHA Co., Ltd.
through Eric Yang Agency

Korean translation copyright ⓒ 2021 by Sung An Dang, Inc.

본 저작물의 한국어판 저작권은 에릭양 에이전시를 통한 SHOEISHA Co., Ltd. 와의 계약으로 한국어 판권을 BM (주)도서출판 **성안당**이 소유합니다.
저작권법에 의하여 한국 내에서 보호를 받는 저작물이므로 무단 전재와 무단 복제를 금합니다.

한국어판 판권 소유 : BM (주)도서출판 **성안당**
ⓒ 2021 성안당 Printed in Korea